Theo Fischer

Das Tao der Selbstfindung

SILBERSCHNUR VERLAG

MIX
Papier aus verantwortungsvollen Quellen
FSC® C014138
FSC
www.fsc.org

Titel der Erstausgabe: Das Buch der Selbstfindung (1993), Ariston Verlag, Genf/München

3. Auflage 2008 erschienen unter der ISBN 978-3-931652-85-2

ISBN 978-3-89845-550-3

1. Auflage 2017

Umschlaggestaltung: XPresentation, Güllesheim; unter Verwendung verschiedener Motive von © unscrew und ©Marco2811, www.fotolia.de
Druck: Finidr, s.r.o. Cesky Tesin

Verlag »Die Silberschnur« GmbH · Steinstraße 1 · D-56593 Güllesheim
www.silberschnur.de · E-Mail: info@silberschnur.de

Inhalt

Vorwort 9

1. Wenn Sie am Morgen erwachen 11
2. Am Anfang war die Fehlinformation 15
3. Unser Versuch, in zwei Welten zu leben 23
4. Die stufenweise Realitätsflucht 40
5. Fluchtwege: Rauschmittel, Lesen, Medien 51
6. Gegen Unruhe ist ein Kraut gewachsen 54
7. Fluchtwege: Karriere 56
8. Wissen an der Oberfläche 59
9. Fluchtwege: Essen 63
10. Lernen Sie Ihre intellektuellen Grenzen kennen 66
11. Fluchtwege: Glücksspiel 72
12. Das Leben selbst ist der Sinn 74
13. Fluchtwege: Liebhabereien 77

14. Seien Sie unzufrieden, aber gründlich! 80
15. Unser Streben nach Sicherheit 84
16. Fluchtwege: Religion 87
17. Die Qualität des Augenblicks 98
18. Ein seltsames Phänomen: Die Präsenz des Experten 103
19. Fluchtwege: Krankheit 108
20. Ein »ozeanisches« Gefühl 120
21. Fluchtwege: Liebesbeziehungen 126
22. Keiner sitzt auf dem Deckel zum Unbewussten 135
23. Sinn und Unsinn der Meditation 157
24. Konfrontation mit der Leere 160
25. Was das Denken von sich denkt 176
26. Wenn die Tür sich öffnet 198
27. Leben ohne Motive 221

Über den Autor 231

Wenn ich sage,
lass die Dinge geschehen,
denkst du gleich,
du sollst sie erleiden,
doch das meine ich nicht,
ich meine vielmehr,
du sollst Herr sein
über ihren Lauf, sodass
ihr Geschehen
von dir ausgeht, statt
von anderen Mächten.

Vorwort

Unsere Flucht vor der Realität, unser Unvermögen, uns ihr geradewegs zu stellen, ist eines der Hauptprobleme des menschlichen Lebens. Der Stoff ist so komplex, dass sich schwer ein Anfang oder ein Ende finden lässt. Darum beginne ich einfach an irgendeinem Punkt, in der Mitte oder halbrechts; ich beginne über ein Thema zu schreiben, das linear nicht bewältigt werden kann, weil es zu viele Facetten, zu viele Angriffsflächen hat. Ich werde mich an Tabus vergreifen, Lebensregeln, Geheiligtes infrage stellen.

Sich der Wirklichkeit zu stellen, ohne sie zu schönen, ohne das Verlangen, sie im Geist zu korrigieren, ist das Ende der Flucht. Und der Beginn einer neuen Qualität Ihrer Existenz. Es wird vieler Worte bedürfen, Dinge zu beschreiben, die sich eigentlich mit Worten nicht ausdrücken lassen, wo eher die Geste, die Handbewegung eines alten Zen-Meisters am Platze wäre, die das Unmittelbare signalisiert. Oder eine Rätselfrage, die Sie an die Grenze Ihres Denkvermögens drängt, wie jener berühmte Koan: Du kennst den Ton zweier klatschender Hände, was aber ist der Ton von nur einer Hand?

Lassen Sie uns in diesem Sinne miteinander durch die Kapitel streifen. Sie können an jeder Stelle aufschlagen und zu lesen beginnen, sich vorwärts oder rückwärts fortbewegen oder den Faden am Anfang aufnehmen. Manches wird Sie persönlich betreffen, manches nicht. Überlesen Sie das Ungültige einfach, und denken Sie, es steht für den Nächsten da.

THEO FISCHER

1. Kapitel

Wenn Sie am Morgen erwachen

Wenn Sie am Morgen erwachen, in Ihrer vertrauten Umgebung, wo am Bettrand bereits die Sorgen lauern und etwas weiter entfernt die Probleme des neuen Tages, würden Sie wahrscheinlich wütend werden, wenn ich leise sagte: »Sieh, mein Freund, dies alles, was du jetzt wahrnimmst, bist du selbst.« Viel zu fest verwurzelt ist Ihre Meinung über sich, die Welt und Ihre Chancen darin, als dass Sie sich im Morgengrauen des anbrechenden Tages mit philosophischem Geschwätz aus der Verstimmung locken ließen. Schließlich erleben Sie sich selbst Tag für Tag; erleben, wie andere Ihnen mitspielen, und Sie sind froh, einigermaßen zurechtzukommen, ohne dass ein Maulheld Sie darüber belehrt, was Sie angeblich noch alles sind. Dennoch will ich mich durch Ihre Ablehnung nicht entmutigen lassen und versuchen, über einen Stoß Manuskriptseiten, die leicht zwischen Daumen und Zeigefinger passen, zuerst Ihr Interesse und später, was sehr erwünscht wäre, Ihr Verständnis zu gewinnen.

Was es mit unserer Identität angeblich für eine Bewandtnis hat, erklären uns bereits früh im Leben bis zum Überdruss die Eltern, später die Lehrer und andere Zeitgenossen. Wenn ich meine unverschämte Behauptung, Sie seien, was Sie sehen, ergänze und erkläre, dass die Vergangenheit, das Gestern, im Leben keine wesentliche Rolle spielt, dass es nur so viel Einfluss auf das Jetzt nimmt, wie Sie ihm einräumen, dann verweigern Sie mir das Zuhören. Kein Wunder, denn Sie leben, solange Sie sich erinnern können, mit der Zeit: dem Gestern, Heute und Morgen. Kein Mensch hat Sie jemals darüber aufgeklärt, dass es außer dem Augenblick, in dem Sie diese Zeilen lesen, keinen anderen Moment gibt, in dem Sie leben und handeln könnten. Die Vergangenheit ist endgültig vorbei, zu Asche des Erlebten geworden, und die Zukunft tritt niemals ein, weil Sie sich vom Jetzt nicht lösen können.

»Welch ein Unsinn«, wenden Sie ein, »vorletztes Jahr habe ich mir bei der Bank ein paar Tausender geliehen, und heute noch zieht sie mir das Geld für Zins und Tilgung aus der Tasche. Die würden es gar nicht verstehen, wenn ich ihnen verkündete, das Gestern sei vorbei, die Vergangenheit existiere nicht mehr, also würde ich die alten Schulden auch nicht zurückzahlen.«

Nun hoffen Sie, ich möge Ihnen die Antwort schuldig bleiben und mich nach einem lahmen Rückzugsgefecht aus der Affäre ziehen. Irrtum. Als Sie seinerzeit den Ratenvertrag über was-weiß-ich-wie-viele Monate abgeschlossen haben, wurde die Zeit noch wichtiger für

Ihren Alltag, als sie es ohnedies schon war. Sie haben fremde Leute um Geld gebeten, weil Sie keine Geduld hatten; Sie wollten nicht länger auf den neuen Fernseher warten, das Auto oder anderen Unfug, ohne den Sie vermutlich unbeschwerter leben könnten, wären Sie damals nicht so gierig gewesen. Wie viel Spaß haben Sie denn heute tatsächlich noch an den damals gekauften Dingen? Ist der Reiz des Neuen nicht längst verblasst, bereuen Sie nicht manchmal, so voreilig gewesen zu sein? Hätte es keinen besseren Weg gegeben, Ihre Wünsche zu realisieren? Sie haben sich der Zeit mit all ihren Repressionen ausgeliefert, weil Sie nicht wussten, wie man leben und sich Wünsche erfüllen kann, ohne sich zu binden.

An dieser Stelle werde ich noch nicht verraten, wie Sie Ihre Lebensprobleme erfolgreich lösen können, weil ich meine Karten noch nicht aufdecken will. Ich möchte vielmehr, dass Sie bei der Lektüre dieses Buches schließlich selber erkennen, wie Sie es anzustellen haben. Heute sitzt Ihnen die Vergangenheit im Nacken, das ist gewiss, und es wird so bleiben, solange Sie sich nicht grundlegend ändern.

Es ist nicht nötig, korrupt zu sein und sich allen Umständen zu beugen, um im Leben voranzukommen. Eine jahrtausendealte chinesische Weisheit lehrt uns, mit dem Strom zu fließen, statt dagegen anzurudern. Dieser Strom ist Ihr Leben; er repräsentiert, was Sie tatsächlich sind, Ihre wirkliche Identität. Dieses Mehr an Existenz freilich werden Sie weder spüren noch erleben, solange Sie in Ihrer alten, anerzogenen, erlernten Voreingenommenheit verharren. Wenn Sie nicht erkennen, dass Sie von der Erfahrung des jeweiligen Augenblicks nicht abweichen, ihr nicht entgehen können, werden Sie ewig auf der Flucht vor der Wirklichkeit sein.

2. Kapitel

Am Anfang war die Fehlinformation

Zu allen Zeiten sehnten die Menschen sich nach Klarheit über die Ursachen ihrer Existenz. Wir möchten wissen, weshalb wir geboren wurden und warum wir sterben müssen. Uns interessiert, was die Schöpfung, die Evolution, Gott, oder wie immer man es nennen mag, sich dabei gedacht hat, uns in die Welt zu setzen, wie ein Kuckuck sein Ei ins fremde Nest legt, und uns dann unserem Schicksal zu überlassen. Zu allen Zeiten haben sich aber auch Stimmen erhoben, die zu wissen vorgaben, was es mit dem Leben für eine Bewandtnis habe, und die nicht versäumten, Handlungsanweisungen an das gutgläubige, unwissende Volk zu verteilen, die jedoch ausschließlich diesen vorgeblich Eingeweihten zugute kamen.

Zwischen all diesen willkürlichen, leichtfertigen, berechnenden Verlautbarungen in Wort und Schrift habe ich auf meiner Suche nach der Wahrheit die Lehre vom

Tao entdeckt. Ihr sind keine korrumpierenden Motive zu unterstellen, weil sie weder den Glauben an die Existenz des Tao fordert noch irgendwelche Regeln und Anweisungen aufstellt. Das Tao schüchtert nicht ein, es droht nicht, es straft nicht, aber es belohnt auch nicht. Es ist einfach da, ist der Urgrund aller Dinge. LAOTSE, der alte Weise Chinas, schildert das Tao in seinem »*Tao te king*« so:

Ehe Himmel und Erde waren,
war etwas Vollendetes.
Still, abgeschieden, allein
und unveränderlich
bewegt es sich ewig kreisend.
Vielleicht die Mutter aller Dinge,
weiß ich seinen Namen nicht
und nenne es Tao.

Vertieft man sich in die Philosophie des Tao – es ist keine Religion nach unserem Verständnis –, tritt deutlich zutage, dass hier die reale Chance besteht, bereits zu Lebzeiten dem eigenen Ursprung auf einer nichtintellektuellen, nichtverbalen Ebene zu begegnen. Wie viel anders stellt sich der Gott der Christen und Juden dar. Sein Bild gleicht fatal denen jener weltlichen Herrscher aus Ägypten oder Mesopotamien, über die uns die Geschichte berichtet. Halb König, halb Vater, waltet Gott seines ordnenden Amtes, reglementiert, richtet, belohnt, verzeiht, straft – und ist trotz aller Beteuerungen seiner Existenz nirgends aufzufinden. Im Alten Testament beschreibt der Prophet HESEKIEL seinen Gott:

Und über dem Himmel, so oben über ihnen, war es gestaltet wie ein Saphir, gleichwie ein Stuhl, und auf dem Stuhl saß einer, gleichwie ein Mensch gestaltet. *(1, 26)*

Hier wird das majestätische Bild eines dem Menschen ähnlichen Wesens geschildert, einer Persönlichkeit, so unnahbar, dass man kaum erwartet, je von ihr zum Essen eingeladen zu werden. Die Chance, Gott zu begegnen, ist so gering wie die eines Gassenjungen, je bei Hofe zugelassen zu werden. Man verheißt Ihnen die Vereinigung mit Gott nach dem Tod, vorausgesetzt, Sie haben ein Leben lang Wohlverhalten gezeigt. Heute ist die Religion in unserem Kulturkreis institutionalisiert, organisiert; es gibt Funktionsträger, die Moral predigen und dem reuigen Sünder vergeben – angeblich im Namen eines diesmal gnädigen, gütigen Gottes. Bei diesem Überangebot an Heilslehren, einschließlich zahlreicher aus dem Osten stammender, kommt niemand auf die Idee, dass der Mensch in sich selbst das Potenzial zur Beurteilung seiner Existenz besitzen könnte, dass ihm zehn Millionen Jahre Menschheitsgeschichte zur freien Wahl zur Verfügung stünden, wenn er nicht unter der zeitlebens empfangenen Gehirnwäsche die Dinge derart konditioniert betrachtete.

Ich weiß nicht, woran Sie glauben, und ich will Ihnen nicht zu nahe treten, wenn Sie einer frommen Lehre fest anhängen. Und doch gilt: Wahrheit verliert sich nicht im Nebel, wenn man nicht an sie glaubt. Das einzige Mittel, sich dem Urgrund zu nähern, besteht darin, jede Gläubigkeit abzulegen. Erst wenn Sie aufhören, zu glauben und sich an Anweisungen zu orientieren, die andere Ihnen vorgeben, sind Sie frei und bereit für den Blick in die eigene Tiefe. Das Tao offenbart sich in dem, was Sie erleben. Sie können es fühlen, schmecken, riechen, tasten, sehen – aber nicht glauben, weil es nicht auf einer Theorie basiert. Sie empfinden es als zu hautnah, zugleich aber auch als zu allgemein, zu umfassend, zu vertraut, als dass Sie in Ihrer Voreingenommenheit dem Sinn des Lebens gegenüber seine Existenz spüren könnten.

Möglicherweise sind Sie nun skeptisch und fragen, was Ihnen dieses Geschwätz nützen soll. Was es helfen kann, wenn Ihnen lange Vertrautes, vielleicht Langweiliges in einem neuen Licht erscheint. Vermutlich keimt in Ihnen der Verdacht, hier biete einer eine weitere Heilslehre an, noch nutzloser als die übrigen. Eine »Lebenshilfe« von der Art jenes dümmlichen Witzes über den Mann mit dem allnächtlichen Durchfall, der vom Arzt ein Mittel dagegen erhält, das der Apotheker jedoch versehentlich mit einem Beruhigungsmittel verwechselt hat. Auf die spätere Frage des Arztes, ob der Patient nun sein Bett nicht mehr beschmutze, antwortet dieser: »Doch, immer noch, aber es macht mir nichts mehr aus.«

Dieser Art sind meine Ratschläge nicht. Im Gegenteil: Ich möchte Ihnen den Weg zu einer grundlegenden, fundamentalen Veränderung Ihrer Lebensverhältnisse aufzeigen. Ich werde in diesem Buch ein Dutzend oder mehr Behauptungen aufstellen und könnte sie geschickt beweisen, mit scheinbar logischen Argumenten, die aufgehen wie eine in sich homogene mathematische Formel. Aber damit hätte ich den unbewiesenen Aussagen anderer nur weitere, schwer beweisbare hinzugefügt. Menschen lesen diese Thesen, sagen »Aha« und gehen zur Tagesordnung über. Sie sind einmal mehr in die Falle geschickter Lügner getappt oder in die Falle von Menschen, die sich selbst von anderen gründlich an der Nase herumführen ließen. Es existiert nur eine einzige Möglichkeit, den Wahrheitsgehalt von Aussagen zu überprüfen: Sie müssen es selbst herausfinden. Niemand kann Ihnen sagen, was Sie tun müssen, woher Sie kommen, wohin Sie gehen und was in der Zwischenzeit passiert.

Man hat Sie, wie mich auch, vom Säuglingsalter an zum Untertanen, zum Nachfolger gemacht. Zuerst verlangten die Eltern unbedingten Gehorsam, dann die Kindergärtnerin, später die Lehrer, Professoren, Lehrmeister – und daneben die Gesetzgeber, Politiker, Gurus, Priester und viele andere mehr. Alle fordern sie Gehorsam, Ein- und Unterordnung. Wir sind von klein auf systematisch emotional verkrüppelt worden, und es wird Zeit, das zu erkennen und etwas dagegen zu unternehmen.

Ich habe lange darüber nachgedacht, wie man einem Menschen, der Hilfe sucht, tatsächlich helfen kann, ohne dass man ihn nur mit Worten abspeist, ihn durch Gerede belästigt in Situationen, in denen dringend Taten gefragt wären. Und ich fand die Lösung wiederum im Umfeld des Taoismus, im nahe verwandten Zen. Die Zen-Meister standen vor dem gleichen Problem. Wie sollten sie ihren nach Erleuchtung dürstenden Schülern deren Verhaltensfehler deutlich machen und gleichzeitig verhindern, dass diese lediglich ihr äußeres Verhalten umstellten und sich einbildeten, die Angelegenheit damit auch in ihrem Inneren bereinigt zu haben? Es ist einer der großen menschlichen Irrtümer, dass man leicht ein anderer Mensch werden könne, wenn man nur genügend Energie investiere. Ein solcher Wandel wäre jedoch nicht echt, nicht ehrlich, weil er an der Oberfläche bleibt: Man streicht Lack über die alten Fehler wie über den Rost am Auto und glaubt, die neue Lackschicht allein würde genügen.

Die Zen-Meister erfanden eine Übung, in deren Verlauf der Zögling aufgefordert wird, das zu tun, was er die ganze Zeit unbewusst sowieso schon tut. Es ist erstaunlich, dass dabei Wochen vergehen können, während derer der Schüler sich abquält, die Anordnungen des Meisters zu befolgen, ehe ihm endlich klar wird: Was mir aufgetragen wurde, habe ich doch schon immer getan. Nun wird ihm bewusst, was er treibt, und erst in dieser unmittelbaren Schau tritt eine echte Veränderung ein.

Sicher ist Ihnen das Phänomen aus der Theorie der Psychoanalyse bekannt. Bei einem Neurotiker, der unter Zwangshandlungen leidet, erkennt der Psychologe meist sehr früh die Ursache der Störung. Aber es wäre völlig nutzlos, sie dem Kranken einfach zu erklären. Dieser muss es vielmehr aus eigener Kraft erkennen, muss selbst die in der Regel in früher Kindheit verdrängten Traumen nacherleben, ehe er sich von seinen Zwängen befreien kann. Der Therapeut kann den Hilfesuchenden zwar behutsam in die rechte Richtung lenken, aber die Freiheit erwächst einzig aus dem direkten Erlebnis der erlittenen und verschütteten Schmerzen.

Zum Beispiel könnte ich Sie – vorgeblich als Übung – auffordern, in der Gegenwart zu leben, im Hier und Jetzt; von Ihnen verlangen, jeden Gedanken, jede Gefühlsregung, jede Tat in der augenblicklichen, realen Gegenwärtigkeit des Geistes zu erleben. Wenn Sie meine Anweisung ernst nähmen und nicht vorgewarnt wären, würden Sie wahrscheinlich eine ganze Weile bemüht sein, Ihre Erfahrungen ins Jetzt zu verlegen – bis Sie schließlich merkten, dass Sie nirgendwo sonst leben können als eben hier und jetzt, dass Ihnen immer nur der gegenwärtige Moment des Geschehens gehört, und kein anderer. Die Übung funktioniert in dem Moment, da sie versagt. Wäre Ihnen nun noch zusätzlich klar, dass Sie selbst dieses jetzt Fließende sind, dann könnten wir beide das Buch zuklappen und den Dingen ihren natürlichen Lauf lassen. Gut, vielleicht müsste ich Ihnen noch einmal versichern, wie heilsam und nützlich diese Sicht des Lebens ist, wie unbeschreiblich mühelos es sich in dem Gefühl ungebrochener Identität mit dem Strom der Dinge lebt – den Rest würde Ihre eigene Erfahrung besorgen.

Obgleich ich den Trick bereits verraten habe, bitte ich Sie, die Übung auszuprobieren, sich so zu verhalten, als seien Sie mir auf den Leim gegangen. Überhaupt bin ich entschlossen, Sie an der Entwicklung der weiteren notwendigen Disziplinen teilhaben zu lassen. Ich gewähre Ihnen Einblick in meine Werkstatt, zeige Ihnen, wie ich die Übung austüftele. Es geht immer darum, zu sich selbst zu finden und den eigenen Zustand ehrlich offen zu legen – was Ihnen manchmal sicher nicht behagen wird, denn unser wahrer Zustand stimmt selten mit dem Bild überein, das wir von uns haben.

3. Kapitel

Unser Versuch, in zwei Welten zu leben

Das Verhängnis der menschlichen Existenz beginnt unmittelbar nach der Geburt. Wir kommen in einem Zustand ungebrochener Beziehung zu unserer Umgebung zur Welt. Innen und außen ist das Gleiche für uns – die große Zehe, die wir zufällig berühren, das Händchen, das das Gitter des Kinderbettes anfasst, sind ebenso Ich wie die Fliege, deren Summen wir lauschen und die wir mit Blicken zu verfolgen suchen, oder der Anblick der mütterlichen Gesichtszüge. Die warme, nährende Brust, die sie uns reicht, sind wir, und die Hände, die uns die Windeln wechseln, die Arme, die uns bergend umfangen.

Nichts, was unsere erwachenden Sinne spüren, empfinden wir als getrennt von uns. Es gibt in den ersten Lebensmonaten keine isolierte Identität, das Bewusstsein eines von den Lebensprozessen abgespaltenen Ich hat sich noch nicht geformt. Jedoch setzt mit der sofort beginnenden Einflussnahme der fürsorglichen Eltern, insbesondere der Mutter, bereits die Entwicklung des Menschen ein, der wir heute sind, richtiger: als den wir uns heute sehen.

Unsere Sprache ist ein wunderbares Geschenk der Evolution, sie erspart uns die Verständigung durch Urlaute, durch Gesten, der Taubstummensprache damals vermutlich nicht unähnlich, sie fasst den menschlichen Wahrnehmungsbereich in Symbolen, Lautfolgen und Begriffen zusammen, vereinfacht Vieldimensionales zur einen Dimension des Tons. Aufgrund der irregeleiteten Auffassung vom Leben und unserer Beziehung dazu hat die Sprache leider noch eine andere Funktion übernommen: jene der Trennung zwischen uns und den Erscheinungen unserer Wahrnehmung. Wir lernen, der Mutter die ersten Worte nachzuplappern, noch fehlt uns der Bezug zum Gegenstand, den sie bezeichnen, noch fühlen wir uns nicht getrennt von unserer Bezugsperson, wenn wir »Mama« sagen, »Papa« oder »Wauwau«. Allmählich entwickelt sich das Denkvermögen, das kleine Gehirn beginnt seine Neuronennetze zu weben, lernt, Gegenstände mit Lauten in Beziehung zu setzen, und die wonnevolle, alleinherrschende Gefühlswelt rückt zusammen, um Platz für den Intellekt zu schaffen. Wir erfahren den ersten Schmerz, das Unvorstellbare tritt ein, dass die Mutter sich uns versagt, wenn wir schreien, dass sie uns straft, uns Schmerz zufügt.

Mit dem allmählichen Heranwachsen, mit dem Aufbrechen eigener Willensäußerungen mehren sich die Szenen, da der Wille des Kindes gebrochen wird, wo wir uns beugen, unterordnen müssen, damit uns die Mutterliebe, ihre zärtliche Fürsorge nicht entzogen wird. Unbewusst spüren wir Hass und Zorn in uns aufsteigen, und ebenso unbewusst verdrängen wir ihn, weil das Unding nicht möglich sein darf, dass wir unsere liebste, anfangs sogar einzige Bezugsperson zu hassen beginnen, von der wir doch so unendlich abhängig und der wir ausgeliefert sind. Der Geist beginnt Schutzmechanismen aufzubauen, und wir fangen an, uns gegen den im Leben offenbar unvermeidbaren Schmerz abzuschotten. Die Illusion eines Ich nimmt Gestalt in unserem Inneren an – eines Ich, das sich von Leid und Verletzungen der zarten Psyche fortbewegen kann; das kleine Gehirn trennt sich von der Erfahrung des Schmerzes ab, aus der Einheit von Mensch und Lebensvorgang gestalten wir allmählich, mit zunehmender Erfahrung das Bild einer Wesenheit, die unabhängig von den auf sie zustürmen – den Ereignissen existiert.

Im weiteren Verlauf unserer Entwicklung übertragen die Eltern ihre ganze Lebensphilosophie auf uns. Unser wissbegieriger Geist saugt jede Information auf wie ein Schwamm; kein Zweifel, keine Skepsis steht zwischen uns und den Irrtümern, die man uns unwissend andient. Wir werden vertraut mit den Wertmaßstäben der Gesellschaft, in die wir hineingeboren wurden; der Glaube der Eltern wird zu unserem eigenen, wir haben zu keinem Zeitpunkt die Chance, uns ein eigenes Bild von der Welt zu machen. Wir wachsen auf in einem hermetisch abgeriegelten Informationskreis, inmitten einer voreingenommenen, vorgeprägten Welt von Erwachsenen, die ihre Nationalität kultivieren, ihre Religion, ihren beruflichen Status, ihre soziale Position und ihre geistigen, kulturellen Errungenschaften.

Für das Kind existiert außerhalb dieser Szene keine andere Welt, und es wird die Welt der Vorstellungen wohl niemals mehr verlassen. Es wird in ihr so leben, wie es das bei anderen Mitgliedern der Gesellschaft sieht; es wird mit ihnen wetteifern und nach den Idealen streben, die sie hochhalten. Niemals hat es in diesem teuflischen Kreisschluss die Möglichkeit zur eigenen Beurteilung seiner Lebenssituation. Die Schätze seines Geistes, die es mit auf die Welt brachte, das innige Empfinden der Identität mit der Welt, dem Leben, seine Fähigkeit, sowohl Glück als auch Leid intensiv zu erleben, die Gaben intuitiver Erkenntnis, die angeborene Kreativität – dies alles reduziert die »Erziehung« genannte systematische Verkrüppelung zu einem Schemen seiner ursprünglichen Leuchtkraft. Manchmal brechen sie durch, diese Gaben, mitunter rührt sich in uns allen dieses übermächtige Gefühl des Menschseins, und man meint, die Welt aus den Angeln heben zu können; doch der Verstand zerstört rasch und gründlich derartige Anwandlungen und flüstert uns zu: »Das kannst du nicht, sei kein Narr, sei kein Träumer.« Und aus ist's mit der Vision.

Die nächste Station im Leben des zivilisierten Menschen setzt seiner Kreativität endgültig ein Ende: die Schule. Weil Wissen und immer mehr Wissen zum Hauptziel allen menschlichen Strebens ernannt wurde, Wissen, aus dem vorgeblich aller Fortschritt und jeglicher Erfolg erwachsen, muss der kleine Mensch zu einer Zeit, da er lieber spielen würde, die Schulbank drücken. Zu dieser Zeit, in dem für seine Entwicklung wichtigsten Jahrzehnt, da seine Fantasie noch keine Grenzen kennt, seine Psyche gerade noch fähig wäre zum Glücklichsein, muss dieses vitale, lebendige Wesen sich einem Zwang unterwerfen, der es endgültig zum Krüppel macht. Es ist offenkundig, wie sehr die Schüler und ihre Lehrer unter den heute in der Schule herrschenden Bedingungen leiden. Das Wort »Schulstress« hat sich eingebürgert, aber jeder akzeptiert ihn; er ist zum Begriff geworden, man findet sich damit ab wie mit der Inflation oder dem Geschwätz der Politiker. Aber hinter diesem kleinen Wort steht eine Katastrophe, verbirgt sich unerkannt die Tragödie des heranwachsenden jungen Menschen.

Ein Kind ist wissbegierig, allem Neuen gegenüber aufgeschlossen, es ist regsam, ungemein aktiv, sehr lebendig, es interessiert sich praktisch für alle Dinge, die in seinem Wahrnehmungsbereich auftauchen, und seine Fragen an die Erwachsenen sind unzählig. Statt dieses natürliche Streben nach Information organisch einzusetzen und dem Kind alle Kanäle zu öffnen, derer es sich frei bedienen kann, haben die Erwachsenen ein unvernünftiges, menschenfeindliches System daraus gemacht. Die Schule tötet jedes Interesse am Lernen ab, weil sie das, was die Kinder ohne Zwang pausenlos und ohne Mühe unternehmen, in eine Form gepresst hat, gegen die das übelste Elternhaus noch wie ein Paradies anmutet.

Machen Sie es sich doch einmal klar: Ein ungemein vitales kleines Wesen, dessen Ausdauer unseren blanken Neid erweckt, muss fünf Stunden lang ruhig sitzen und sich anhören, was der Lehrer gemäß einem von Bürokraten diktierten Lehrplan zum Besten gibt. Unter dieser bedenkenlos vollzogenen Folter stumpft der Geist des Kindes ab, es beugt sich dem scheinbar Unvermeidbaren, verdrängt das Leiden ins Unbewusste und spielt das hässliche Spiel mit. Man verleitet die Kleinen brutal zum Wettbewerb. Das gesamte Benotungssystem bietet einen Vorgeschmack auf den späteren Kampf um Überleben und Fortschritt in Beruf und Privatbereich. Wenn die Schule ihre Zöglinge nach acht oder zehn Jahren ins Leben entlässt, ist der letzte Keim ursprünglicher Fähigkeiten bis auf wenige Ausnahmen unwiederbringlich abgetötet. Das System hat die jungen Menschen auf die Gleise des Erfolgs gesetzt, ihnen wie dem Esel die Rübe die Ideale der Gesellschaft vors Maul gehalten: Es hat Visionen von Luxus, Wohlstand, Vergnügen, Konsum und Genuss suggeriert.

Es ginge anders. Nur unsere eigene Überheblichkeit schützt uns vor der fatalen Einsicht, wie weit wir uns von der Natur als Basis allen Wohlergehens entfernt haben. Beinahe alles in unserem Leben ist künstlich, synthetisch: Die Musik, die wir hören, verdankt ihre Konservierung und Wiedergabe den Chemiekonzernen, Rohölprodukten, Ton- und Videobändern; tanzende, nackte, halbbekleidete, fantastisch kostümierte, maskierte, singende, sich freuende Menschen erleben wir nur beim Karneval oder beim Safari-Urlaub für fünftausend Euro. Der Märchenerzähler ist verschwunden, CDs, Computer, Fernsehen in der guten, sterilen, blank geputzten Bürgerstube ersetzen das Lebendige, Vitale. Nahrung ist x-mal verpackt, noch steriler, kaum noch verderblich, tiefgekühlt, mikrowellenaufgewärmt, schnell zubereitet und noch schneller, gedankenloser, liebloser verzehrt.

Keine Schule hat uns auf die Probleme vorbereitet, denen wir im Leben tatsächlich gegenüberstehen. Niemand hat uns gelehrt, wie wir mit der Hohlheit, mit der Inhaltslosigkeit aller Angebote unserer Zivilisation zurechtkommen sollen. Niemand hilft, den Frust, die tiefgründige, niemals ganz an die Oberfläche dringende Angst zu besiegen. Wir leben unter Menschen, die – nicht anders als ihre Vorfahren – einzig das als Kultur gelten lassen, was in ihren voreingenommenen Köpfen rumort. Dass Wissen uns glücklich und frei mache, ist schlichtweg eine Lüge. Ohne dieses Übermaß an Wissen, ohne diese Hochtechnologie, die vorwiegend der Vernichtung von Leben dient, der Zerstörung von Lebensräumen, wären wir alle besser dran. Unser Wissen hindert uns gründlich an der Wahrnehmung der Realität, wie sie wirklich ist. Wir werden uns sowieso noch ausführlich mit der blockierenden Wirkung des Wissens über uns selbst auseinandersetzen müssen.

An dieser Stelle jedoch geht es zunächst um unsere äonenhaft weite Entfernung vom natürlichen Leben. Weil unsere Art zu leben uns in die Flucht treibt, uns die Ablenkung aufzwingt, die wir dann für das Leben halten, während wir das wirkliche Leben stumpf abwartend und auf das nächste Vergnügen lauernd überbrücken. Eroberer, Missionare und Forscher (und heute die Entwicklungshelfer) haben jeweils zu ihrer Zeit dazu beigetragen, den Kulturen der Naturvölker den Garaus zu machen. Diese Leute verglichen die Errungenschaften ihres Heimatlandes, ihrer Lebensphilosophie oberflächlich mit den vorgefundenen Lebensformen und hatten nichts Eiligeres zu tun, als sie gründlich auszumerzen. Ihnen kam nie in den Sinn, dass sie das Bessere zugunsten einer äußerst zweifelhaften, kriegerischen, unfreien Zivilisation vernichteten. Wir können heute höchstens noch ahnen, was über die Jahrhunderte verloren ging.

Der mit der Natur lebende Mensch besitzt eine vollkommen andere Einstellung zu Zeit, Wissen und Tod. Er lebt mit dem Werden und Vergehen der Dinge und hat kein gestörtes Verhältnis zum eigenen Ende. Hier steckt die Wurzel des Übels: Die gründlich verdrängte, stets unterdrückte Furcht vor dem eines fernen Tages eintretenden Tod ist Triebfeder für die meisten unserer Handlungen. Unsere ewige Hetze, dieses Getriebensein hin zu einem imaginären oder bewusst wahrgenommenen Ziel, ist Indiz für unsere Angst, im Leben etwas zu versäumen, etwas auszulassen, das wir in Ewigkeit nicht mehr nachholen können. Manche versteigen sich sogar zu der Aussage, man dürfe nicht so lange schlafen, weil der Schlaf schließlich von der Lebenszeit abginge.

Wir müssen unter allen Umständen zurückfinden zur natürlichen Lebensweise – und sagen Sie nicht, dies sei in unseren Zeiten der Betonburgen, des Fastfood und der Stereophonie nicht möglich. Es liegt allein an Ihnen und mir, ob es gelingt oder nicht. Wir werden noch darauf zurückkommen.

Der menschliche Geist ist im Schlaf vielfach lebendiger als im Wachzustand. Schlafend öffnet das Unbewusste seine Pforten, aus der Tiefe steigen verdrängte Regungen empor und leben sich aus, ohne dass der kontrollierende Verstand sie beherrschen kann. Der im Schlaf unkonditionierte Geist bewegt sich frei vom Korsett der Umstände, träumend erleben Sie sich losgelöst von allen Zwängen, die Sie tagsüber einengen, und das gestresste Gehirn lebt seine Konflikte aus. Auch wenn Sie glauben, in der Nacht nicht geträumt zu haben, so war oft lediglich eine andere Kraft stärker als das herandrängende Unbewusste: der Mechanismus, der unangenehme Erkenntnisse zu unterdrücken hilft. Sie haben ohnedies ständig mit verborgenen Regungen zu kämpfen; ein wesentliches Merkmal Ihrer Konflikte ist die Unvereinbarkeit Ihrer inneren Strömungen. Sie könnten, wären Sie stark genug und weniger fluchtbereit, jederzeit die Inhalte Ihrer eigenen Tiefen sehen. Aber weil Sie im Wachzustand beständig auf der Flucht vor der erlebten Realität sind, ist Ihr Geist außerstande, sich der Erkenntnis Ihres wirklichen Zustandes ohne den Schutzmechanismus beschönigender Vorstellungen zu stellen. Die Tage verleben Sie im Halbschlaf, denn die Zeit zwischen zwei angenehmen Ereignissen verbringen Sie in der Routine Ihrer Gewohnheiten; Sie überbrücken die zeitlich überwiegenden Grauphasen Ihrer Existenz geistig abwesend, sodass Sie kaum wahrnehmen, was um Sie herum wirklich geschieht.

Sie versuchen permanent das Kunststück, in zwei Welten gleichzeitig zu leben – ein Drahtseilakt, der die Ursache für die meisten menschlichen Probleme darstellt. Die eine ist die Welt der Gedanken und Ideen; in ihr verweilt der Geist die meiste Zeit. Es ist die Welt Ihrer Vorstellungen, Meinungen, Schlussfolgerungen, Erfahrungen, Ihres Glaubens und Wissens. Sie repräsentiert, auch wenn Ihnen das nicht bewusst ist, ausschließlich die Vergangenheit, denn alle Reaktionen Ihres Geistes nähren sich aus dem Gedächtnis, der Erinnerung. Die Welt Ihrer Ideale und Ideen ist eine Welt von gestern, sie existiert nicht mehr. Aus ihr schöpfen Sie die Informationen, die Sie brauchen, um das gegenwärtige Geschehen beurteilen und bewerten zu können und auf dieser Grundlage die Wahrscheinlichkeiten der Zukunft zu errechnen. Ihre Geistesarbeit bewegt sich im Reich der Spekulation, Ihre Vorhersagen basieren auf Erfahrungen und einem Wissenspotenzial, das Sie unter den Voraussetzungen Ihrer Fehlinformationen über das Leben gesammelt haben. Ihr Halbwissen über die Dinge zwingt Ihnen ständig Entscheidungen auf, bei denen Sie die Qual der Wahl zwischen mehreren Übeln haben und sich dann in der Regel das kleinste aussuchen. Und nie können Sie sich Ihrer Entscheidung sicher sein – zu viele Ungewissheiten, Unwägbarkeiten stehen zwischen Ihnen und Ihrer Wahl und den tatsächlichen Vorgängen. Unvorstellbar viele Faktoren außerhalb Ihres Einflussbereichs können auf das Geschehen einwirken – und Sie stochern mit Ihrer spärlichen Erfahrung im Nebel der Ungewissheiten herum und wundern sich, dass Ihnen so wenig gelingt.

Das Übel beginnt schon mit dem Versuch, sich von den Tatsachen zu entfernen. Der Geist ist darauf programmiert, alle Wahrnehmungen sofort einzuordnen, zu benennen und zu korrigieren. Wenn Sie beispielsweise in einem Buch die Bilder wunderschöner, seltener Pflanzen betrachten, können Sie bei genauerer Beobachtung feststellen, dass Sie beinahe darunter leiden, wenn nicht eine Bildlegende Ihnen auch die Namen der Pflanzen vermittelt. Solange Sie den Namen nicht kennen, können Sie das Geschaute irgendwie nicht einordnen, es fehlt Ihnen etwas zum vollständigen Bild. Aber bitte, was haben Sie wirklich davon, wenn im fraglichen Buch unter der zauberhaften Blüte einer Orchidee das Wort »Cattleya« zu lesen ist? Sie können es vor sich hinmurmeln, sich merken und sich später, wenn der Begriff irgendwo auftaucht, das herrliche Gebilde in Weiß und Rosa vor das geistige Auge rufen – nur, über die Pflanze selbst, ihre wahren Bedürfnisse in Menschenobhut wissen Sie nichts. Sie müssten sie mit nach Hause nehmen, beobachten, sich in sie einfühlen und intuitiv, mit feinem Gespür herausfinden, welche Pflege sie wirklich braucht.

Wir alle sind viel zu sehr Theoretiker unseres eigenen Lebens, als dass wir noch die Fähigkeit zum direkten Blick auf die Objekte unserer Wahrnehmung besäßen. Dieser Drang, die Dinge verändern zu wollen, wirkt sich tagtäglich aus. Wir merken es nicht mehr, wie unser Geist auf der Stelle damit beginnt, ein aktuelles Ereignis zu verändern. Wir stellen uns die Szene verwandelt vor, meist verbessert im Vergleich zum tatsächlichen Sachverhalt; unsere Kosmetik der Wirklichkeit macht vor keiner Erscheinung halt.

Was tun Sie, wenn Ihnen ein unverschämter Brief ins Haus flattert? Vernünftig wäre, ihn entweder auf der Stelle wegzuwerfen oder ebenso spontan eine geharnischte Antwort zu schreiben. Sie aber kauen erst einmal jedes Detail des Briefes durch und beginnen, sich in Gedanken bereits zu rechtfertigen. Sie formulieren Gegenargumente, verfluchen den Schreiber zwischendurch, Szenen erheben sich vor Ihrem geistigen Auge, in denen der Unmensch gründlich leidet, gedemütigt wird, während Sie triumphieren; Sie sehen sich schon im Zweikampf, die Vision künftiger Ereignisse erlebt Sie siegend, gerechtfertigt. In Wahrheit, unbeschadet Ihrer Denktumulte, sind Sie tief verletzt, die geistige Aktion dient nur einem einzigen Zweck: sich vom Schmerz dieser Kränkung zu entfernen. Sie erkennen nicht, wie unmöglich Ihr Unterfangen ist. Sie können sich so wenig von einer zugefügten Kränkung entfernen wie von Zahnschmerzen. Sie überspielen das tatsächliche Geschehen nur.

Der Blick zurück ins Gedächtnis bei der Bewertung jeglichen Lebensvorgangs und das Bemühen des Geistes, das Geschaute den eigenen Vorstellungen gemäß zu verändern, ihm eine modifizierte Gestalt zu geben, ist die erste von mehreren Stufen der Flucht vor der Realität. Sie besitzen ein Gehirn, das fähig wäre, mit jedem Problem fertig zu werden, sofern Sie ihm ermöglichen würden, sich selbst ein unvoreingenommenes Bild zu machen. Aber nichts da. Ihr Intellekt, in Ihrem Kopf angesiedelt, verhindert durch seine beständige Einmischung gründlich das Wirken einer Intelligenz, die Ihrem Organismus eigen ist, aber nicht Ihrem Willen zugänglich. Wenn eine Schwierigkeit auftaucht, versuchen Sie sie zu analysieren, und anschließend sagen Sie dem Problem, was es ist. Es ist sehr schwer, diese Eigenheit des menschlichen Denkens klar zu erkennen. Sie müssten sich dazu von außen betrachten, was leider nicht möglich ist.

Wir wollen eine Übung miteinander konstruieren, die Ihnen vielleicht auf dem Weg zur Selbsterkenntnis ein Stück weiterhilft. Das Ziel der Aufgabe ist die Erkenntnis, dass Sie unter dem Zwang stehen, alle Lebensvorgänge zu benennen, und dass Ihre Gedanken am Wahrgenommenen so lange rühren, bis das geschaute Bild in Richtung auf Ihre vorgefasste Meinung korrigiert ist. Ihre Reaktionen auf die Wirklichkeit erfolgen nicht eben bewusst, sie geschehen – wie anfangs erwähnt – aus einem halbwachen Gemütszustand heraus, sind Automatismen, die Sie selbst nicht kritisch registrieren. Diese Übung soll Sie zwingen, etwas ganz bewusst zu tun, was Ihnen sonst entgeht. Also ergeht hiermit folgende Aufforderung: Bemühen Sie sich ab sofort darum, alles, was Sie sehen und erleben, beim Namen zu nennen: »Das ist ein Baum«, »Dort läuft Hubers Dackel«, »Mir tun die Füße weh«, »Heute Abend treffe ich Fridolin«, »Mein

Geld reicht wieder nicht bis zum Ersten«, »Verflixt, jetzt regnet's auch noch«, »Wehe, wenn ich wieder ein altes Brot erwische«, »In *der* Schule war ich auch mal« und so weiter. Spielen Sie das Spiel mit, tun Sie, als ob Sie die Dinge zum ersten Mal im Leben benennen; spielen Sie, bis es Ihnen lächerlich vorkommt.

Dann nehmen Sie den nächsten Schwierigkeitsgrad in Angriff: Beginnen Sie, die Erscheinungen im Geist zu korrigieren. Verändern Sie, was Sie sehen und hören, nach dem Bild eines von Ihnen gewünschten, angestrebten Zustands. Sie dürfen sich bei diesem Spiel jedes Objekt vornehmen, jeden Vorgang, der Ihre Aufmerksamkeit erregt. Insbesondere wäre wünschenswert, wenn Sie die Übung auf die Belange Ihrer eigenen Person ausdehnen würden. Das Bild, das Sie von sich selbst haben, wird beinahe täglich attackiert und ist Belastungen ausgesetzt. Sie halten sich zum Beispiel für einen guten Tennisspieler und hören es gern, wenn andere Sie ebenfalls dafür halten. Dann stehen Sie auf dem Platz und verpatzen eine Partie nach der anderen. »Heute habe ich einen schlechten Tag«, sagen Sie sich und lassen es auch die anderen wissen. »Ich muss mehr trainieren«, sagen Sie weiter, »dann bin ich wieder gut wie eh und je.« Sie beschwichtigen sich, argumentieren, und in Ihrer Fantasie, Ihren Wachträumen hätscheln Sie das Bild vom strahlenden Sportler. In Wahrheit können Sie lange schon abgebaut haben, Ihr Selbstverständnis als beachtenswerter Spieler könnte auf wenigen, mit Mühe und Not erkämpften Erfolgen basieren, die eher Eintagsfliegen waren. Und es könnte sein, dass Ihre derzeitige Kondition durch übermäßigen Genuss und Übergewicht von vornherein keine guten Leistungen mehr zuließe. Und dennoch lebt dieser Traum in Ihnen, abseits von den Tatsachen, weitab von der Wirklichkeit. Wenn man Ihnen die Wahrheit sagt, sind Sie beleidigt: Wer so mit Ihnen umspringt, kann Ihr Freund nicht sein. Dabei ist Ihr einziger Feind das Wesen, das Ihnen früh am Morgen aus dem Spiegel entgegenblickt. Mit nichts hält der Mensch sich mehr zum Narren als mit seinem Selbstbildnis.

Seien Sie mutig, und spielen Sie das Spiel, übertreiben Sie in Situationen, in denen Ihr Selbstbewusstsein Politur benötigt, tragen Sie noch dicker auf, verdichten Sie die Illusion über sich, bis sie zur Karikatur wird. Sind Sie noch nie während eines Spaziergangs ins Träumen geraten, und ging die Fantasie noch nie mit Ihnen durch? Haben Sie nicht in dieser halben Stunde einen Roman erlebt, mit Ihnen als Hauptperson? Anknüpfend vielleicht an einen realen Vorgang, hat Ihr Geist die Handlung fortgesponnen, zu immer neuen Höhepunkten treibend, einem Finale entgegen, das aller Sehnsucht, allem Lebensfrust für kurze Zeit ein Ende macht. Dann, plötzlich wachen Sie auf, ernüchtert nehmen Sie die Umgebung wieder wahr – und fühlen sich elend, enttäuscht und ein klein wenig beschämt um Ihrer orgiastischen Fantastereien willen. Sie sind zurückgekehrt auf den Boden der Tatsachen und spüren erneut, wie unbefriedigend Ihr Leben ist. Durch diese Übung sollten Sie sich auf der Flucht entdecken und durch die bewusste Überlagerung der sowieso schon unbewusst ablaufenden Mechanismen einen tieferen Einblick in Ihre Geistestätigkeit erlangen.

Die andere der beiden Welten des Menschen ist die wirkliche. In ihr werden wir geboren, wachsen heran, essen, schlafen, lieben, leiden, lernen, arbeiten, genießen und sterben. Es ist die Welt der Tatsachen, und sie ist die einzige, in der wir etwas erreichen können. Allein sie nehmen unsere Sinne wahr, wir können sie riechen, schmecken, tasten, hören und sehen; diese Welt entsteht in jedem Augenblick aus dem Nichts – wie ein Ton, der das Ohr erreicht, aus dem Nichts kommt und wieder im Nichts verschwindet. Dass diese materielle Welt vorhanden ist, hängt mit unserer Beobachtung zusammen: Das Nervensystem gewahrt eine Schöpfung, die es zum Augenblick seines Gewahrseins selbst erzeugt, nach einem Modell, das in jeder Zelle des menschlichen Organismus verankert ist. Auf der Ebene kleinster Materieteilchen offenbart sich die unbegreifliche Wahrheit: Ohne das Vorhandensein eines Beobachters finden keine Prozesse statt, geschieht überhaupt nichts. Und in Ihrer Beobachtung ist bereits die Veränderung des Wahrgenommenen enthalten. Ihre Wahrnehmung der Realität mit allen Sinnen, mit dem gesamten Potenzial Ihres Geistes ist imstande, diese Realität zu verändern! Aber nur die wahre, unverfälschte Realität, und nicht die Vorstellung davon.

Leider halten Sie fast immer die Idee für die Tatsache selbst, weil Sie gelernt haben, jegliches Ding, das Ihnen vor Augen tritt, das Ihre Sinne registrieren, mit Namen und Begriffen zu belegen. Diese Begriffe sehen Sie dann als die

Dinge selbst an. Ihren hohen Realitätsgehalt suggerieren die eingesetzten Mittel, mithilfe derer Ihr Geist die beiden so kontroversen Welten verbindet: die Gedanken. Die Illusion der Wirklichkeitsnähe intellektueller Vorstellungen von der Realität entsteht, weil der Denkvorgang an sich eine reale Handlung ist und damit der realen Welt angehört. Die Inhalte des Denkens dagegen entstammen ausnahmslos der Vergangenheit – sie entspringen der Erinnerung und haben zum Zeitpunkt, da die Ereignisse des Lebens sich abspielen, keinerlei eigene Realität.

Deshalb, liebe Freunde, erreichen wir so wenig, deshalb ist unser Dasein so erfüllt von Kampf und Anstrengung. Wir bewegen uns im Reich der Illusion und halten es für die wirkliche Welt. Sie müssten sich den Dingen in ihrer wahren Gestalt nur voll und unvoreingenommen öffnen, sie so betrachten, wie sie sich darstellen, ohne den Versuch, ihnen auszuweichen – dann wären Sie imstande, allein durch Ihr Hinschauen Macht über die Verhältnisse auszuüben und die Dinge zu verändern. Diese Fluchtreaktion fort von der Wirklichkeit, hinein in die Welt der Ideen, ist der verhängnisvollste Schritt, den Sie tun können. Ich weiß, dass es schmerzhaft ist, sich den eigenen labilen, verkorksten Verhältnissen zu stellen – zerrt es Sie doch herunter von Ihrem Elfenbeinturm, es zwingt Sie, auf freiem Feld dem rauen Wind der Selbsterkenntnis zu trotzen. Dennoch eröffnen die Einsicht in die eigene Unzulänglichkeit und deren Eingeständnis den einzig möglichen Weg heraus aus den ewigen Schwierigkeiten.

4. Kapitel

Die stufenweise Realitätsflucht

Du bist vor dem Irrsal der Welt
ins öde Bergland geflohen.
Doch wenn das Irrsal dir
auch ins Gebirge folgt,
wohin willst du dich dann wenden?
OCHITOKI NOMITSUNE
(In: MANFRED HAUSMANN, Vollmondnächte)

Die erste Stufe der Flucht des Menschen vor der Wirklichkeit bildet die Flucht in Begriffe, die Hoffnung auf Rettung durch den Versuch, die wahrgenommenen Phänomene durch die Kraft des Gedankens in einen anderen Zustand zu versetzen.

Im Hinblick auf den Missbrauch von Namen und Bezeichnungen zur Identifizierung realer Erscheinungen hat TSCHUANG TZU dreihundert Jahre vor unserer Zeitrechnung eine paradoxe Glosse geschrieben, die jedoch den Nagel auf den Kopf trifft: »Einen Finger zum Beweis dessen zu nehmen, dass ein Finger kein Finger ist, ist nicht so gut, wie etwas zu nehmen, was kein Finger ist, um zu beweisen, dass ein Finger kein Finger sei. Ein Pferd zum Beweis zu nehmen, dass ein Pferd kein Pferd sei, ist nicht so gut, wie etwas zu nehmen, was kein Pferd ist, um zu zeigen, dass ein Pferd kein Pferd ist. Dasselbe gilt vom Weltall, welches nur ein Finger oder ein Pferd ist. Das Mögliche ist möglich, das Unmögliche ist unmöglich.«

Ich will den Text am Beispiel des Pferdes zu interpretieren versuchen. Das Wort »Pferd« ist eine Aneinanderreihung von Lauten: Pferd – in anderen Sprachen heißt es »cheval«, »cavallo«, »horse« und so weiter. Bezeichnet ist damit ein Lebewesen, dessen Existenzspektrum weit über die dünnen Laute der Sprache, in der auch gedacht wird, hinausgeht. Es gibt große Pferde und kleine, Ponys, Mustangs, Pintos, Kalt- und Warmblüter (womit wir bereits eine dubiose Benennung hätten, denn der Kaltblüter ist ebenso warmblütig wie der Araber); es gibt – oder gab – Ackergäule, Kutschpferde, Brauereipferde, Reitpferde für Liebhaber, Angeber, Militärs, Rennpferde, Turnierpferde, Galopper, Traber, Pferde für den Hürdensport und Military, und was noch alles mehr.

Dem einen ist der Inbegriff des Pferdes die erwachsene Ausgabe des einst zauberhaften Fohlens, dem anderen der Zuchthengst, dem nächsten die Mutterstute, Lieferant begehrter Schönheitsmilch. Die Jugend liest vielleicht (hoffentlich auch heute noch) vom legendären weißen Hengst, der eine Herde Wildpferde durch die Schluchten des Westens führt, gewaltige Hindernisse überspringt und als Sieger aus Zweikämpfen hervorgeht.

Einigen Zeitgenossen bedeutet das Pferd die Salami, den Braten am Aschermittwoch. Ein Pferd ist also nicht nur ein Pferd; es ist eine vielschichtige Erscheinung, die von der Sprache und somit auch durch das Denken in ihrer Komplexität gar nicht erfasst werden kann. So verhält es sich mit jeder Erscheinung, wenn wir ihr den Stempel eines Namens oder eines Symbols aufprägen. Wir erfahren die Wirklichkeit dann schließlich nur noch in Form gedachter Begriffe.

Vielleicht sind Sie meinem Rat gefolgt und haben mithilfe der Übung, bei der Sie sich die Untugend des permanenten Benennens bewusst machten, ein wenig Einblick in die Gewohnheiten Ihres Denkens gewonnen. Nun würde ich Ihnen gern die nächste Aufgabe stellen, von der ich fairerweise gleich sagen muss, dass Sie sie nicht erfüllen werden. Es geht nämlich darum, die erste Übung nun mit umgekehrten Vorzeichen auszuführen: Achten Sie darauf, den Objekten Ihrer alltäglichen Wahrnehmung *keine* Namen zu geben. Versuchen Sie, in den unterschiedlichsten Situationen Ihres Lebens von wachsamer Passivität zu bleiben, dort, wo Sie sonst sofort korrigieren. Sehen Sie, ob es Ihnen gelingt, diesen Reflex unter Kontrolle zu bringen, der immer dann einsetzt, wenn etwas geschieht, das Sie persönlich tangiert oder für das Sie genügend Interesse aufbringen, um sich damit zu beschäftigen.

Testen Sie sich, untersuchen Sie Ihre Fähigkeit, diese seit der Kindheit geübten, vom Denken kultivierten Reflexe unter Kontrolle zu bringen, indem Sie das unterlassen, was Sie inzwischen als Teil Ihrer Geistestätigkeit erkannt haben. Ich prophezeie jedoch, dass Ihnen keine der empfohlenen Übungen gelingen wird. Sie mögen sich eine Zeit lang damit abplagen, sich die Unart des Benennens aller Dinge abzugewöhnen, vielleicht darum ringen, die Dinge objektiv, abwartend anzusehen, statt sich sofort ein Idealbild davon zu schaffen, und womöglich erringen Sie mit einiger Aufmerksamkeit Teilerfolge, die freilich befristet sind, denn sobald die Wachsamkeit nachlässt, werden Sie wieder nach dem alten Muster handeln.

Es ist wichtig, dass Sie trotz dieser entmutigenden Aussichten den Versuch unternehmen. Denn mir liegt am Herzen, dass Sie die Unmöglichkeit erkennen, Ihre Reflexe zu beherrschen. Diese Unmöglichkeit ist ein Indiz für etwas weitaus Größeres, Bedeutsameres: Das Unvermögen, eine bestimmte, vorgegebene geistige Disziplin zu absolvieren, dokumentiert eine Eigenart in der Struktur der menschlichen Identität, eine besondere Eigenheit der Persönlichkeit. Wir werden noch darauf zu sprechen kommen, wenn Sie ausreichend auf den Schock vorbereitet sind, der Sie unter Umständen erwartet (je nachdem, welcher Art *Ihre* Illusion von der Welt und Ihrer Bedeutung darin ist). Darum bitte ich Sie dringend um Kooperation; um der Chance willen, sich geistig vollkommen von Irrtümern, Bindungen und Voreingenommenheiten zu befreien, sollten Sie das Gesagte unbedingt ausprobieren. Immerhin ist Ihre Ausgangsposition besser als die der Zen-Schüler oder die der Nachfolger taoistischer Lehrer. Jene verrieten den Jüngeren mit keinem Wort die

Nutzlosigkeit der gestellten Aufgaben. Für die Eleven war der Meister ein Heiliger, unfehlbar, weise, kurzum: eine Autorität, die nicht irren konnte. Eben darum trieben sie ihren Geist an den Rand der Verzweiflung im Bemühen, etwas zu erreichen, das von vornherein zum Scheitern verurteilt war.

Sie können unsere Übung mit dem Rätsel vergleichen, das ein Fernsehquizmaster (ich glaube, es war PETER FRANKENFELD) seinen Zuschauern aufgab: Auf einem Blatt Papier waren sechs Quadrate aufgezeichnet, die Gebäude darstellen sollten. In der oberen Reihe standen drei Wohnhäuser, ihnen gegenüber in der unteren Reihe drei Versorgungsinstitute, je eines für Gas, Wasser und Strom. Nun lautete die Aufgabe, dass jedes der drei Häuser durch Striche, die Versorgungsleitungen symbolisieren sollten, mit jedem der drei Kraftwerke verbunden werden musste. Und zwar unter der Bedingung, dass keine dieser Leitungen sich mit einer anderen überschnitt. Die Aufgabe ist unlösbar. Aber Zehntausende von Familien zerbrachen sich wochenlang die Köpfe, bekritzelten stapelweise Papier – und wurden immer frustrierter, weil jeder meinte, er sei zu dumm für dieses scheinbar so simple Rätsel. Einige probierten es mit Kunstgriffen, aber es blieb dabei: Eine Lösung war unmöglich.

Die zweite Stufe der Flucht ist offensichtlicher, weil sie sich in tatsächlichen Handlungen ausdrückt, nicht in Aktionen des menschlichen Geistes. Sie umfasst eine Unzahl von Möglichkeiten, die sich teils überschneiden, teils ergänzen – und, was die Verwirrung vollkommen macht: Die unterschiedlichen Wege können für den einen gelebtes Leben bedeuten, sind also keine Flucht, für den anderen aber ein Fluchtweg, der ihn weit fort von der Realität des Lebens führt. Es hängt mit der inneren Einstellung, der Motivation zusammen, ob das, was Sie tun, Ihnen zum Mittel der Ablenkung von der Realität gerät oder ob Sie sich mit allen Sinnen und Ihrem vollen Gefühlsspektrum Ihrem Schicksal stellen, wie es sich in jedem Augenblick darbietet.

Wenn ich auf diesem Sich-dem-Schicksal-Stellen insistiere, so hat das absolut nichts mit jenen Predigten zu tun, die Ihnen anraten, Sie mögen Ihr Geschick annehmen, weil es unvermeidlich sei und Sie sowieso nichts dagegen tun könnten. Eine solche Geisteshaltung bezeichne ich als Fatalismus, und wer davon sein Leben bestimmen lässt, braucht sich nicht zu wundern, wenn es ihm tatsächlich von Jahr zu Jahr schlimmer ergeht. Wenn Sie so leben, werden Sie bald ein graues Mäuschen sein, eingeschüchtert von der Übermacht der Verhältnisse und reif für die Höhle, in die Sie sich Tag für Tag am liebsten verkriechen würden. Sie können Ihr Schicksal weder annehmen noch ablehnen, weil es so beschaffen ist, wie es eben ist. Das ist die Realität, mit ihr müssen Sie leben, Sie haben keine Wahl: Insoweit haben diese »Nimm-es-an-Prediger« recht. Doch kann keiner von ihnen sagen, wie es weitergeht, wenn Sie sich verkrochen haben. Sie reden so weise und salbungsvoll daher – wer selbst wohl versorgt ist, kann anderen gut Ratschläge erteilen.

Wenn Sie sich um die Erkenntnis Ihrer Realität und der Ihrer Lebensumstände bemühen, sich ehrlich eingestehen, wie die Dinge wirklich liegen, dann sind Sie auf dem besten Weg, richtig zu handeln. An diesem Punkt der Selbsterkenntnis setzt ein Verhalten ein, das nicht von Ihrem Intellekt ausgeht. Es entstammt einer Intelligenz, die Ihnen innewohnt, die aber dennoch nicht allein die Ihre ist. Sie ist universell, wohnt in jeder Zelle, in jedem Sandkorn, sie existiert in den zehntausend Kaulquappen in der Pfütze, aus der höchstens ein oder zwei ausgewachsene Frösche hervorgehen. Es ist die natürliche, vegetative Intelligenz Ihres Gehirns. Sie untersteht Ihrem Willen nicht, und ihre Arbeitsweise wird Ihnen normalerweise, insbesondere in Ihrer jetzigen Verfassung (wie gut oder schlecht diese gerade sein mag), nicht bewusst.

Diese Intelligenz sucht auf vielerlei Art in Ihr Leben hineinzuwirken – womöglich wären Sie heute bereits tot oder verkrüppelt, wenn sie Sie nicht von Kindesbeinen an beschützt hätte: Damals, als Sie aus dem Kinderwagen fielen oder der Hund auf Sie losging, oder später bei diesem Autounfall oder in anderen Fällen, wo es sich fügte, dass Sie unverhofft eine Stellung bekamen, ein Examen, das auf wackligen Beinen stand, bestanden – oder dem Mann, der Frau Ihres Lebens begegneten. Wenn Sie je eine tief greifende existenzielle Krise überstanden haben, wenn Sie verzweifelt waren und am Ende, zu erschöpft zum Weiterkämpfen, sich vollkommen aufgegeben hatten – da trat unvermittelt die Wende ein, ohne Ihr Zutun. Rückblickend haben Sie diese Wende vielleicht als das Werk einer höheren Macht gesehen, als Wunder, als Zufall – oder als Ergebnis Ihrer Tüchtigkeit. In Wahrheit war der Vorgang ein Indiz für die Existenz Ihrer eigenen, vegetativen Intelligenz, einer Intelligenz, die von sich aus, so man sie walten ließe, nicht nur Ihren Organismus, sondern sein gesamtes Umfeld, Ihre ganze Lebenssituation harmonisieren würde. Diese Intelligenz habe ich im Auge, wenn ich Sie auffordere: Schauen Sie Ihr Leben an, versuchen Sie, die Dinge so zu sehen, wie sie wirklich sind, und begreifen Sie endlich, dass Sie den Umständen nicht ohnmächtig gegenüberstehen, weil in Ihnen ein Kräftepotenzial ruht, in jedem Menschen ein Kräftepotenzial ruht, das nur zu willig und zu gern in Ihr Leben eingriffe, wenn Sie es zuließen. Denken Sie daran: Es ist nicht Ihr Wille, der einen Wandel Ihrer Geschicke auslöst, sondern vielmehr Ihr klarer Blick, die Aufmerksamkeit, mit der Sie um sich blicken.

Doch zurück zu unseren Fluchtwegen. Wollte ich alle Möglichkeiten aufzählen, wüchse dieses Buch zu einem zwölfbändigen Lexikon an. Das Spektrum der verfügbaren »Fluchthilfen« reicht von Rauschmitteln über menschliche Beziehungen, sogar Krankheiten, bis zum Karrierestreben, diversen Hobbys, bis zu Aufopferung, Wohltätigkeit und nicht zuletzt der Religion. Ich werde einige repräsentative Fluchtwege beschreiben; um diese Kapitel in den roten Faden des Buches einzuflechten, werde ich die Ausführungen über den Einsatz der Intelligenz von Zeit zu Zeit unterbrechen. Es ist durchaus nötig, die Fluchtwege als solche auch zu zeigen, denn Sie würden in einigen Fällen nicht vermuten, dass der eine oder andere auf die Weise intensiv bis exzessiv seine Flucht vor dem wirklichen Leben betreibt, dass die Menschen die vielen tristen Stunden des Alltags einzig damit überbrücken, dass sie im Geist auf ihrem Fluchtweg weilen und der augenblicklichen Tätigkeit nur eben noch so viel Aufmerksamkeit widmen, wie unbedingt erforderlich ist.

Ich will versuchen, Alternativen zur Flucht aufzuzeigen – ein Unterfangen, das nicht frei von Problemen ist. Wenn Sie sich in der Schilderung von Fluchtwegen wiedererkennen, besteht die Antwort an das Leben nicht darin, dass Sie Ihren Aktivitäten entsagen, sich Verzicht abringen; die richtige Antwort wäre, Ihre Beweggründe aufzugeben, und das ist etwas vollkommen anderes. Ich will mich von der Thematik nicht in die Rolle eines mittelalterlichen, intoleranten Eiferers drängen lassen, der den Menschen jegliches Vergnügen verbietet, weil es ihnen angeblich schadet und sie vom Wesentlichen des Lebens ablenkt. Sie sind frei, alle Dinge zu tun, solange Sie nicht von ihnen abhängig sind. Gebunden oder nicht gebunden – so lautet das Kriterium, unter dem Ihre Lebensäußerungen zu betrachten sind. Viele Tätigkeiten nehmen Sie gewiss nicht freiwillig auf sich; zum Beispiel ertragen Sie die tägliche Fron Ihrer Arbeit, weil Sie nicht auf der Straße sitzen oder verhungern wollen – es sei denn, Ihr Beruf ist Ihnen zum Fluchtweg, Karriere zum Ziel allen irdischen Strebens geworden. Im Volksmund kursiert die Behauptung, wer viele Liebhabereien habe, sei psychisch besonders gesund. In Wahrheit stehen dem

Menschen mit vielen Hobbys nur mehr Fluchtwege offen als den anderen. Sie können ein Steckenpferd haben, einfach, weil es Ihnen Freude macht; dann handelt es sich bestimmt nicht um Flucht.

Es stellt sich freilich die Frage, ob diese Freude an Ihrer Freizeitbeschäftigung tatsächlich echt ist. Ich habe an mir selbst schon beobachtet, dass, wenn ich mir inmitten eines Vergnügens die Frage gestellt habe, ob mir die Geschichte wirklich Spaß macht, die Antwort fatalerweise »nein« hätte lauten müssen, wenn sie ehrlich ausgefallen wäre. Dies ist das Seltsame bei vielen, ja den meisten unserer Vorhaben: Solange wir sie als Idee im Kopf bewegen, scheint uns die Vorfreude zu beglücken; doch sobald sie sich realisieren, zur Wirklichkeit werden, der Zeitpunkt, auf den wir gewartet haben, herbeigekommen ist, verschwindet das einstige Glücksgefühl. Ein Gefühl des Betrogenseins kommt auf; was so lange auf sich warten ließ und endlich eintraf, lässt uns leer zurück. Die Visionen vom absoluten Glück erfüllter Träume verlieren sich, wenn die Erfüllung wirklich eintritt, im Nichts.

In diesem Sinne befriedigt uns im Grunde nur die Aussicht auf das Neue, noch nicht Erlebte, noch nicht Besessene. Der leidenschaftliche Sammler findet sein Glück, seine Befriedigung nicht so sehr im Anblick des bereits Erworbenen; der Reiz liegt in der Jagd nach den Objekten, die seine Kollektion vervollständigen würden. Die Vorstellung, einst unverhofft auf eine alte, kostbare Briefmarke zu treffen oder ein anderes, adäquates Sammlerstück, ist es, die eigentlich das Wesen, den Reiz einer solchen Liebhaberei ausmacht. Ist ein Ziel erreicht, verliert es aber gewaltig an Bedeutung. Man sonnt sich dann eher im Neid der anderen, weniger erfolgreichen Freunde mit gleichen Neigungen, als dass einem im stillen Kämmerlein die endlich vollständige Sammlung auf Dauer die erhoffte Zufriedenheit beschert. Es ist sowieso eine Frage des Verlangens und Ihrer persönlichen Wertmaßstäbe, ob Sie – falls vorhanden – Hunderttausende für ein Eckchen Papier (vielleicht die Blaue Mauritius) auszugeben bereit sind oder ob Sie dafür ganz im Gegenteil keine fünfzig Cent investieren würden.

5. Kapitel

Fluchtwege: Rauschmittel, Lesen, Medien

Bestimmte Fluchtwege zu beschreiben erübrigt sich beinahe, weil sie so offensichtlich sind; ich führe sie nur der Vollständigkeit halber an: Drogen und Rauschmittel, von Alkohol bis Heroin. Sie sind die am schnellsten wirkenden Mittel der Realitätsflucht. Und sie zerstören am gründlichsten die Persönlichkeit desjenigen, der sich ihrer bedient. Jede Sucht hat ihren Ursprung in der Unfähigkeit des Süchtigen, mit seinem Leben zurechtzukommen. Er will sich weder seiner eigenen problematischen Lage noch der der Gesellschaft stellen, die primär für seine persönliche Situation verantwortlich ist. Kein Suchtkranker setzt sich je ernsthaft damit auseinander, wer die Schuld an seiner Misere trägt, und er vermeidet insbesondere jede Selbstkritik.

Problematisch bleibt die Situation auch dann, wenn Menschen sich nach hartem Kampf von ihrer Sucht befreien können. Denn die tief liegenden Ursachen ihrer Flucht, die Härten der Wirklichkeit, die Ängste und

Sorgen sind mit der Sucht nicht verschwunden. Wohl bleiben jene Konflikte aus, die erst durch die Rauschmittel verursacht wurden – und dieses Phänomen vermittelt dem Betroffenen die Illusion einer erträglicheren Existenz. In Wahrheit steht er aber nunmehr ungeschützt, ohne den wärmenden Mantel der Rauschmittel, der nackten Wirklichkeit gegenüber; was ihn einst zur Flucht trieb, ist jedoch immer noch gegenwärtig.

Ein Fluchtmittel, das sowohl harmlosen Genuss bereitet als auch suchtverwandte Perspektiven eröffnet, ist das Lesen. Sie können sich in stiller Stunde mit einem guten Buch zurückziehen und sich auch ohne den bewussten oder unbewussten Wunsch, Ihre Sorgen zu vergessen, Ihrer Lektüre hingeben. Das ist, meine ich, gelebtes Leben. Anders liegt der Fall, wenn Sie mit Lesen auf Schwierigkeiten reagieren. Sie wählen sich dann bevorzugt Prosa aus, Fabeln, deren Gestalten ihren Aufgaben gewachsen sind und die ein glückliches Ende nehmen; Bücher, deren Inhalte Ihnen die Kompensation der eigenen unzulänglichen Situation ermöglichen. Damit sind Sie unter allen Umständen auf der Flucht. Schon tagsüber trösten Sie sich mit dem Gedanken an befriedigende Lektüre, an lesend mitempfundene Erfolgserlebnisse, die Ihnen das Leben vorenthält. Sie wählen grundsätzlich Literatur, die Ihren inneren Bedürfnissen entspricht und Ihr Verlangen nach Glück aus zweiter Hand befriedigt. Werden einem Lesesüchtigen seine Bücher verwehrt, entwickelt er sich zu einem sehr unglücklichen Wesen. Dann nämlich muss er sich, ob er mag oder nicht, der eigenen Leere stellen. Seinen Fantasiegebilden, den geliebten Ausflügen in bessere, imaginäre Welten wird der Boden entzogen, er steht der grimmigen Wirklichkeit gegenüber.

Kaum anders ergeht es Menschen, die jede freie Stunde vor dem Fernseher verbringen oder sich pausenlos von Musik berieseln lassen. Auch hinter der Zigarette können Sie sich hervorragend verstecken. Wann immer Unangenehmes droht – dann ist nur der Griff in die stets bereitliegende Schachtel nötig, und schon tröstet Sie der blaue Dunst.

Natürlich ist der Trost Illusion, natürlich müssen Sie sich nach dieser oder der nächsten oder der zehnten Zigarette endlich doch mit dem Ungemach befassen. Das ist das Fatale an unseren Fluchtwegen: Der Schirm, den sie über uns breiten, reicht nicht weit genug, er ist endlich; was bleibt, ist der dringende Wunsch nach Ersatz, nach Wiederholung.

6. Kapitel

Gegen Unruhe ist ein Kraut gewachsen

Ihr Leben ist stets von einer unterschwelligen Unruhe beherrscht, irgendwie befinden Sie sich ständig in der Schwebe; Entscheidungen, die Sie nicht beeinflussen können, stehen aus; unkontrollierbare Ereignisse bewegen sich unaufhaltsam auf Sie zu; Sie benötigen dringend Einblick in die Großwetterlage Ihrer Situation und nehmen doch nur örtliche Gewitter wahr. Nie fühlen Sie sich gänzlich frei von diesem gewissen Zerren an Nerven und Gemüt, im Dunkel Ihres Innenlebens lauert die Unrast. Und was tun Sie gewöhnlich dagegen? Nun, Sie nehmen Reißaus, lenken sich ab. Damit verschwindet die Unruhe zwar nicht, aber sie verstummt für einige Stunden, weil Ihre Betriebsamkeit sie übertönt. Später aber steht sie wieder vor der Tür, beharrlich, ausdauernd, unerbittlich.

So stellt sich die Frage, ob gegen sie nicht vielleicht doch ein Kraut gewachsen ist. In der Tat existiert ein Rezept wider die Unruhe, es funktioniert wie ein Judotrick, wo die Kraft des Gegners gegen ihn selbst wirkt. Sie müssen sich der Unruhe völlig öffnen, dürfen dem enervierenden, beängstigenden Gefühl keinerlei Widerstand entgegensetzen. Blicken Sie dem Unbehagen ins Gesicht, gleichgültig, welchen Ursprungs es ist. Ob es handfeste Gründe für dieses Unbehagen gibt, oder ob es auf bloßen Ahnungen beruht – Ihr Blick auf das Übel macht aus dem Wind einen Sturm. Lassen Sie ihn wüten, bis er zum Orkan wird. So unangenehm der Vorgang auch erlebt wird, so drastisch ist der Effekt. Gar schnell verpufft die Energie des Sturmes im Herzen, auf ihn folgen Stille, Frieden. Während Sie sich ihm entgegenwarfen, er Sie durchrüttelte, vollzog sich insgeheim das Wunder: Der unheilvolle Umstand, der Grund für Ihre Unruhe, wandelte sich. Auf die Situation wirkten Kräfte ein, die erst durch Ihr Sich-Öffnen zum Leben erwachten, und Klarsicht hat die alte Angst verscheucht.

7. Kapitel

Fluchtwege: Karriere

Eine Flucht, die einen hohen Tribut fordert, ist das Ausweichen auf die berufliche Karriere. Nicht, dass gegen Erfolg im Leben und den Wunsch nach Wohlstand etwas einzuwenden wäre; problematisch ist jedoch die Art, wie er im Allgemeinen in unserer Gesellschaft verwirklicht werden muss. Er kostet den Preis unbedingter Anerkennung der geltenden Konditionen, kostet Opfer an Arbeitskraft und Gesundheit, Verzicht auf Freizeit und ein erfülltes Familienleben. Die Psyche muss einen fast unmenschlichen Ehrgeiz entwickeln, die Bereitschaft, nötigenfalls über Leichen zu gehen oder zumindest den Untergang von weniger glücklichen Konkurrenten in Kauf zu nehmen. Erfolgreiche haben selten ein sympathisches Gemüt.

Der Ursprung menschlichen Erfolgsstrebens – eines Strebens, das über einen angemessenen Existenzerhalt hinausgeht – sind die schon in früher Kindheit entstandenen traumatischen Gefühlsverhärtungen; ein sensibler Mensch wird weder in der Wirtschaft noch in der Politik Karriere machen. Der nach Erfolg Strebende, der im

Beruf die Erfüllung seiner Träume sucht, ist auf der Flucht vor der Realität. Er ist von der Fähigkeit zum unmittelbaren Erleben noch weiter entfernt als andere Flüchtende, die weniger selbstzerstörerisch agieren. Die Karrieristen sind so sehr auf Geldverdienen, auf Machtausdehnung konzentriert, dass sie so »trivialen« Dingen wie einem Frühlingstag oder der Schönheit eines Sonnenuntergangs völlige Gleichgültigkeit entgegenbringen. Ich kenne Geschäftsleute, denen man die Wiese hinter ihrem Haus zubetonieren könnte – sie würden es nicht einmal bemerken.

Das Einmaleins des erfolgreichen Managers oder aufstrebenden Aspiranten ist die Fähigkeit zum so genannten konstruktiven Denken (das man missverständlich und völlig zu Unrecht für kreativ hält). Ein Denken, das, von einer maximal möglichen Summe an Informationen ausgehend, Lösungen, Strategien entwickelt. Ein konstruktiver Denker muss unbeirrt wie ein Computer nüchtern Fakten an Fakten reihen und dann wie jener wertungsfrei, das heißt ohne Gefühlsbeteiligung, entscheiden, was zu tun ist. Wie keine andere Gruppe von Menschen zeichnet die Erfolgreichen und jene, die ihnen nacheifern im Streben um Teilhabe an der Macht, eine hochgradige Realitätsferne aus. Sie beten eine eigene Ideologie an, die Ideologie von der Wirklichkeit ihrer Marktgesetze. Ihnen sind Statistiken Realität, Zahlenreihen auf Kontoauszügen und Bilanzen gelten ihnen als Tatsachen – und die Unterwürfigkeit der humaneren Zeitgenossen, der nach Meinung der Machthaber Schwächeren, Minderwertigen, bestärkt sie in diesem Wahn.

Im Grunde sind Inhaber verantwortungsvoller Positionen oder Leute, die um hohe Stellungen kämpfen, arme Geschöpfe. Ihr Leben ist in viel höherem Maße von ihren Ängsten beeinträchtigt als das des Normalbürgers. Wer den Gipfel erklommen hat, fürchtet den Abstieg, das Versagen, und der Emporstrebende hat Angst vor dem Misslingen seiner ehrgeizigen Pläne. Das Leben beider bewegt sich zwischen Höhenrausch und den Unwägbarkeiten einer schwer vorherzusagenden Zukunft. Sie sind nicht besonders glücklich, die Erfolgreichen. Der unaufhörliche Druck ihrer Situation zwingt ihnen auf ihrem Fluchtweg Investitionen zur Instandhaltung weiterer Fluchtwege auf, teure Vergnügungen; Prestigeobjekte, Luxus, Zerstreuungen, die allein um des Mithaltens willen gesucht werden müssen, Lustbarkeiten; die wegen ihres hohen emotionalen Preises keine Freude mehr machen.

8. Kapitel

Wissen an der Oberfläche

Mit wenigem kann man einen Menschen mehr in Verlegenheit bringen, als wenn man ihm Fragen zu einem Thema stellt, das er eigentlich beherrschen müsste, und er die Antwort nicht kennt. Statt ehrlich zu sagen, »Ich weiß es nicht«, beginnt der Befragte sich zu drehen und zu winden, murmelt vage Vermutungen, gibt zu bedenken, die Frage sei nicht so einfach zu beantworten, sei zu komplex, als dass man sie mit wenigen Sätzen erklären könnte. Der Satz, »Ich weiß es nicht«, geht uns schwer über die Lippen: Zu viel Ansehen genießt der Wissende, der Fachmann, als dass einer es wagen dürfte, seine Unwissenheit zuzugeben. Wenn Sie nicht gerade als Einsiedler oder als Ausgestoßener in einer Blechhütte vor der Stadt leben, wird von Ihnen erwartet, dass Sie sich für die meisten der von der Gesellschaft favorisierten Gesprächsthemen interessieren. Sie haben zu lesen, was die Welt liest, sind verpflichtet zu breitgefächerter, oberflächlicher Informiertheit. Niemand verlangt, dass Sie den Dingen auf den Grund gehen – damit brächten Sie letztlich die anderen in Verlegenheit. Spezialistentum, das Können also jener Leute, die alles über einen eng umgrenzten Themenbereich wissen, ist beim Umgang mit den Mitmenschen nicht gefragt, es bleibt den Zusammenkünften der Experten vorbehalten. Als Folge dieser Geisteshaltung interessieren sich Ihre Zeitgenossen für alles Mögliche; sie würden persönlich keinen Pfifferling dafür geben, beschäftigen sich aber dennoch damit, um mithalten zu können und gegenüber besser Informierten nicht ins Hintertreffen zu geraten.

Vielleicht spielen Sie mit bei diesem Spiel, führen sich geistige Kost zu Gemüte, die Sie weder mögen noch als sehr bekömmlich ansehen. Sie fühlen eine gewisse Verpflichtung, Ihren aktuellen Wissensstand auf dem von der Gesellschaft geforderten Niveau zu halten. Und Sie sind sich der Gefahr bewusst, andernfalls in den Ruf des Ungebildeten, des Kulturbanausen zu geraten, während Sie sich mit Stoffen beschäftigen, die Ihnen im Grunde nicht liegen.

Ist Ihnen eigentlich klar, welchen Affentanz Sie hier mittanzen? Ihre geistige Kost wird zu wesentlichen Teilen fremdbestimmt. Es ist korrupt, Dinge um des eigenen Vorteils willen zu tun, auch wenn es sich nur um das Sammeln von Informationen handelt, die Sie im Grunde für unnütz halten. Sie bewegen sich unter Menschen, die allesamt in einer Scheinwelt, auf der Flucht vor der Realität leben. Denn sie sprechen zwar ausdauernd über die Vorgänge in der Welt, über das Neueste und Allerneueste, aber ihr Interesse dringt bei keinem

Thema in die Tiefe vor, sie haben kein Verlangen nach der Wahrheit. Ihnen genügt das äußere Bild der Dinge, ihre Befriedigung ziehen sie aus ihren vorschnellen Schlussfolgerungen.

Sehen Sie Ihren Mitmenschen, Ihren Freunden auf die Lippen, hören Sie kritisch und hellwach, wie sie sich zum Leben äußern – und erkennen Sie ihre Oberflächlichkeit. Auch ihre Beziehung zu Ihnen ist ohne echte Tiefe: Sie lebt allein vom Austausch belangloser Feststellungen. Sie dürfen sich dabei weder Unwissenheit leisten noch eine zu tiefe, fundierte, zu kritische Kenntnis bestimmter Themengebiete. Man gestattet Ihnen kein eigenständiges Eindringen in Problemkreise, das unpopuläre Wahrheiten zutage fördern könnte. Das Unpopuläre, Unangenehme bleibt unter dem Teppich. Wehe, wenn Sie Sorgen äußern, die nicht in das Bild Ihrer Gesellschaftsschicht passen – man verweigert Ihnen auf der Stelle das Gehör.

Sie sitzen im Glashaus, Freund. Jetzt heben Sie den Stein auf, und werfen Sie ihn, so weit Sie werfen können. Bringen Sie frischen Wind in Ihre Geselligkeiten, lassen Sie den Tiger Ihrer ehrlichen Meinung los; weigern Sie sich, an oberflächlichen Gesprächen teilzunehmen. Fordern Sie Ihre Freunde und Bekannten heraus, fassen Sie die heißen Eisen an, die Sie bewegen, und verweigern Sie dem Uninteressanten, Nebensächlichen Ihre Aufmerksamkeit. Haben Sie den Mut, ein Außenseiter zu sein, reden Sie eine klare, entschiedene Sprache – und Sie werden sehen, wer Ihnen zustimmt und wer nicht. So sieben Sie Ihre Freunde aus; mancher, auf den Sie große Stücke hielten, wird sich als Ratte erweisen – andere aber, die Sie ihres stillen Wesens wegen bisher übersehen haben, werden sich Ihnen plötzlich öffnen und Ihnen sagen, wie gut ihnen Ihre ehrliche Art zu reden gefällt.

9. Kapitel

Fluchtwege: Essen

Auch Essen kann dem Menschen zur Droge werden, obgleich sein Einsatz als Mittel zur Realitätsflucht schwerer nachzuweisen ist. Im Gegensatz zu Rauschmitteln ist das Essen lebensnotwendig, und die Evolution der Kochkunst mit ihrer Fülle von Gaumenreizen darf getrost als Fortschritt betrachtet werden. Essen lässt sich nur bis zu einer bestimmten Grenze einschränken; zum Problem wird die Gier, werden die Gelüste, die Lügengebäude, die sich zur Rechtfertigung der Fresslust um den biologisch unerlässlichen Vorgang herum aufbauen.

Der menschliche Organismus benötigt zur Erhaltung seiner Gesundheit keine aufwendige Kost, aber in unserer Gesellschaft bestimmen Denken und kollektive Gewohnheiten, was wir verzehren. Bei freier Wahl der Gerichte stellen wir das Menü möglichst nach dem Lustprinzip zusammen, und nicht primär nach Kriterien der körperlichen Bedürfnisse – der Organismus muss nehmen, was er bekommt. Sie müssten sensibel der Sprache Ihres Körpers lauschen, wenn Sie herausfinden wollten, was ihm guttut. Leider sind die Reaktionen Ihrer Verdauungsorgane infolge der praktizierten Langzeitmisshandlung abgestumpft, gefühllos geworden. Bekommt Ihnen eine Mahlzeit nicht, dann lassen Sie sie beim nächsten Mal keineswegs stehen, lieber greifen Sie zu Arznei und Pülverchen. Sie erkennen nicht, was Sie Ihrem Körper damit antun, und wollen es wohl auch nicht genau wissen, denn Essen ist vielfach zur alltäglichen Fluchtmöglichkeit geworden.

Wie stark Sie wirklich von Nahrungsmitteln als Stimuli abhängig sind, stellt sich bei dem Versuch heraus, nur noch bekömmliche Lebensmittel zu essen. Bald wird es Sie trotz des gesteigerten Wohlbefindens nach der schweren alten Kost gelüsten. Wenn Sie wider alle Vernunft auf dem stets überreich gedeckten Tisch beharren und Sie unter dem Verzicht auf die Schlemmerei leiden – dann missbrauchen Sie das Essen zur Flucht.

Das Gegenstück zum Schlemmer stellen die Anhänger von Diätlehren dar: Vegetarier, Rohköstler, Vollwertköstler, Makrobioten, Trennköstler und so weiter: Menschen, die bewusst auf gesunde, körpergerechte Ernährung achten. Sie bringen Opfer durch ihren Verzicht auf viele Genussmittel. Aber auch wer so lebt, wird gelegentlich von Gelüsten nach diätkonträren Lebensmitteln heimgesucht. Und bei der Gelegenheit wird offenbar, ob der Betroffene vernünftig, normal reagiert, sich sagt: »Was soll's, ich lebe fast immer gesund, heute leiste ich es mir« – und einmal von seiner Linie abweicht, oder ob er den Wunsch nach einem verbotenen Genuss als Häresie empfindet und ihn unterdrückt. Wer verbissen, fanatisch einer Diätform anhängt, sich keinen Spielraum lässt, wer wichtige, ganz natürliche Wünsche verdrängt, der hat in seinem Ernährungskonzept unbedingt einen Fluchtweg gefunden. Solche Menschen verschließen sich der Welt der Genüsse, anstatt sich so viel davon zu erlauben, wie ein gesunder Körper schadlos verkraftet.

Sie lehnen ab, was ihrer Ideologie widerspricht, klammern sich ängstlich an Vorschriften, leben starr nach dem Buchstaben. Ihr Handeln ist korrupt; als Lohn für den Lustverzicht erwarten sie mehr als Gesundheit; ihnen schwebt eine Art geistiger Befriedigung vor, die Gemeinschaft und Anerkennung Gleichgesinnter, die Zugehörigkeit zu einem geheimen Zirkel, der Verstöße gegen die Linientreue durch Ausschluss ahndet.

Als kleiner Junge probierte ALFRED TENNYSON die Suppe, die seinem Vater bei Tisch serviert wurde. »Oh, Vater«, soll er begeistert gesagt haben, »das ist mal eine gute Suppe.« Sein puritanischer Vater antwortete, nachdem er sie ebenfalls probiert hatte: »Du hast Recht, Kind, sie ist zu gut«, und er verdünnte sie mit dem Wasser aus seinem Wasserglas. Kommentar überflüssig.

10. Kapitel

Lernen Sie Ihre intellektuellen Grenzen kennen

Jeden Tag hält das Leben neue Herausforderungen für Sie bereit. Viele übersehen Sie kurzerhand, anderen begegnen Sie mit Ihrem Wissen von gestern. Ihr Denken hat sich im Laufe der Jahre eine bestimmte Methode angewöhnt, nach der es Sie Fragen zum Zeitgeschehen auf die gleiche Art beantworten lässt wie solche, die Ihr persönliches Wohlergehen und ausstehende Entscheidungen betreffen. Wie genau, wie zutreffend diese Antworten sind, wie angemessen an das aufgetretene Problem, bestimmt die Qualität Ihres Alltages. Einer beliebigen Herausforderung adäquat begegnen können Sie nur bis an die Grenzen Ihres Wissens, die auch die Grenzen Ihres Denkvermögens sind.

Nun hat unser Denken leider die Eigenheit, dass es seine Grenzen nicht kennt – und sich auch selten eingesteht, dass solche Grenzen existieren. Es wäre sehr wichtig für Sie, ebendiese Grenzen kennenzulernen, weil bei Ihrer derzeitigen geistigen Verfassung jenseits der Grenzen nicht etwa Intelligenz am Werke ist, sondern die

Spekulation beginnt. Wenn Ihr Wissen nicht ausreicht, geben Sie nicht etwa auf; nein, Ihr Verstand ist bemüht, unter allen Umständen seine Grenzen zu sprengen und weiter ins Niemandsland des Unbekannten vorzustoßen. Ein Versuch aber, der allemal zum Scheitern verurteilt ist.

Das klingt defätistisch, aber zum Trost möchte ich Ihnen sagen, dass die Sache reparabel ist. Der Begriff »Herausforderung« taucht in diesem Buch öfter auf – vielleicht sollte ich erklären, was damit gemeint ist. Beim Schachspiel wird die Bewegung der weißen Figuren in Richtung auf die Felder der schwarzen Angriff genannt und umgekehrt die Züge der schwarzen Figuren Verteidigung. Angriff und Verteidigung umfassen jeweils Millionen Möglichkeiten verschiedener Schachzüge, das verallgemeinernde Wort »Angriff« bedeutet unzählige Zugvarianten. Ähnlich verhält es sich mit der Herausforderung. Jeder Vorgang, jede beliebige Situation, die Ihnen eine Handlung, eine Entscheidung, eine Stellungnahme abverlangt, darf als Herausforderung im Sinne dieser Ausführungen angesehen werden.

Wir jonglieren hier mit Worten, meinen aber Tatsachen. Wenn Ihre Freundin Ihnen verkündet, sie überlege sich, ob sie sich von Ihnen trennen solle, stellt dies eine Herausforderung dar – und es ist zugleich (falls es Ihnen wirklich widerfährt) eine Tatsache. Wie begegnen Sie ihr? Der Freundin, der Herausforderung? Zunächst beginnt Ihr Hirn fieberhaft zu arbeiten: Es rekapituliert sämtliche relevanten, die Beziehung betreffenden Daten, die es aufgezeichnet hat. Sie prüfen, was sie Ihnen einst bedeutet hat und wie viel sie Ihnen zur Stunde wert ist; Sie versuchen herauszufinden, wie Sie sich fühlen werden, falls sie ihre Drohung wahrmacht; Sie stellen Erwägungen an, ob es ihr ernst ist mit dem Gesagten, oder ob sie ein Scheingefecht liefert, das Sie zu bestimmten Äußerungen – zum Beispiel einem Heiratsantrag – verleiten soll. Dies alles und noch viel mehr geht Ihnen durch den Kopf, Sie rotieren und wissen nicht, was Sie nun antworten sollen. »Scher dich zum Teufel«, »Heirate mich«, »Ich liebe dich«, »Bleib bei mir«, »Ohne dich kann ich nicht leben«, »An der nächsten Ecke wartet schon die Nächste« – es gibt unzählige Möglichkeiten. Welche Antwort richtig gewesen wäre, wissen Sie meist erst viel später, oft erst, wenn der Zug schon aus dem Bahnhof, die Chance also längst vertan ist.

Ihr Denken kann das akute Problem nicht lösen, weil es nicht hinter die Fassaden sieht. Es versteht weder Ihre eigenen echten Bedürfnisse und noch viel weniger die Ihrer Freundin. Ihr Denken ist in dieser Situation überfordert, die der problematischen Herausforderung adäquate Antwort, die blitzschnelle intelligente Reaktion gelingt ihm nicht, die Lösung liegt jenseits seiner Grenzen. Wären Sie in dieser fiktiven Situation, die unter Umständen mit äußerstem Stress verbunden ist, sich dieser Begrenztheit Ihres Denkvermögens bewusst und unternähmen keinen Versuch zu einer Antwort – Sie stünden gewiss nicht stumm und tapsig wie ein Dorftrottel da, sondern in Ihnen würde aus dem Nichts eine ganz bestimmte

Intelligenz aktiv werden und präzise und angemessen handeln.

Wenn wir unsere Vergangenheit durchleuchten, müssen wir beschämend oft erkennen, wie wenig vernünftig wir uns in Grenzsituationen verhalten haben. Oft stellt sich der zurückliegende Teil des Lebens als eine einzige Kette von Fehleinschätzungen und entsprechenden Fehlentscheidungen dar, deren erste die anderen zum Teil nach sich gezogen hat. Wenn Sie ehrlich sind, werden Sie sich eingestehen, wie zaghaft nur Ihre Taten den Ruhm Ihres Geistes verkünden, wie beschämend unzulänglich Sie vielmehr auf die meisten Herausforderungen reagiert haben. Falls Sie tatsächlich ab und zu einen Blick nach hinten richten und ein Versagen zugeben, beschließen Sie sogleich, es künftig besser zu machen, trösten sich damit, Sie seien soeben dabei, die Dinge ordentlich in den Griff zu bekommen. Und insgeheim wissen Sie, dass Sie sich etwas vormachen. Wenn Sie Jahre später auf das Heute schauen, werden Sie wiederum einräumen müssen, wie fehlbesetzt Sie in Ihrer Rolle waren. Untersuchen Sie die Ursachen der Fehlleistungen, werden Sie bei ehrlicher Betrachtung jedes Mal die Abwesenheit von Intelligenz zu beklagen haben. Die Erkenntnis, dass dem so ist, und das Wissen um die Grenzen Ihres Denkvermögens können den ersten Schritt zur Genesung darstellen, sie wären der Beginn eines künftig intelligenteren Handelns.

Wir wollen es mit einer Übung versuchen, die Sie mit Ihren Grenzen vertraut machen soll. Ihre Aufgabe besteht darin, dass Sie spielerisch Ihr Denken nur auf seine Grenzen zutreiben – so lange, bis es selber einsieht: Hier geht es nicht weiter. Die Sache ist sehr unbequem, weil Sie gewohnt sind, einem Problem, dem Sie geistig nicht beikommen, auszuweichen. Sie stehen vor einer Frage, die Sie nicht beantworten können, und das Denken, das plötzlich nicht weiterweiß, nimmt Zuflucht zu Ausreden, suggeriert Ihnen entweder Antworten, wie Sie sie gern hören möchten, wie sie Ihnen in den Kram passen, oder es spielt die Bedeutung des Erfragten herunter, vernebelt den Umstand, dass es die Antwort schuldig bleibt. Sie, der vom Denken erzeugte Denker, lassen sich auf das Doppelspiel ein und gestatten dem Denken, sich auf die billige Tour aus der Affäre zu ziehen. Nichts ist dem Denken unsympathischer als die Vorstellung des Versagens. Es sieht seine Hauptaufgabe in der Aufrechterhaltung Ihrer Idealvorstellungen von Ihnen selbst, und es sucht jeder Schmälerung seiner Bedeutung zu entgehen.

Und an diesem Punkt setzt unsere Übung ein. Immer, wenn Ihnen ein kleines oder größeres Problem begegnet, wenn Sie entscheiden sollen, wenn Sie vom Leben herausgefordert sind, werden Sie automatisch im Gedächtnis nach der rechten Antwort suchen. Sobald diese Antwort aufgetaucht ist, sollen Sie sie nun verweigern und sich die Frage zur Sache wiederholen. Lassen Sie sich nicht abspeisen, wenn Sie eine Antwort an das Leben brauchen. Ihr Denken ist mit der Zeit äußerst bequem geworden und bildet sich ein, alles zu wissen. Es gibt schwächliche Auskünfte bei Problemen, die einer ernsteren Erwägung würdig wären. Darum gelingt Ihnen so wenig, darum müssen Sie ständig kämpfen, auf der Hut sein, um nicht auf der Strecke zu bleiben. Sie verlassen sich auf das Auskunftsbüro in Ihrem Kopf, das sich als allwissend ausgibt, und werden überaus schlecht bedient. Geben Sie sich in Zukunft nicht mehr mit einer raschen Antwort Ihres Intellekts zufrieden; geben Sie sich nicht eher zufrieden, bis entweder ein klares Bild der Lage geschaffen ist, von dem Sie auch gefühlsmäßig überzeugt sind, oder bis Ihr Denken seufzend flüstert: »Lass mich in Ruhe, ich weiß es doch nicht.« Je energischer Sie sich einfachen, oberflächlichen Antworten verweigern, je intensiver, häufiger Sie Ihr Denken in die Ecke drängen und ihm misstrauen, desto öfter wird es sein Nicht-Wissen eingestehen müssen. Und dies ist der Punkt, an dem ich Sie und Ihr Denken gern hätte. Dann stehen die Positionen fest, die Startlinie Ihrer Intelligenz ist sichtbar, die dort beginnt, wo Ihr Denken aufhört.

11. Kapitel

Fluchtwege: Glücksspiel

Ein Stimulans eigener Art stellt das Glücksspiel dar. Wen die Leidenschaft für Karten, Würfel oder Roulette gepackt hält, der ist dem Leben ebenso entfremdet wie der Trinker oder der Drogensüchtige. Der Spieler ist auf einen äußerst kostspieligen Fluchtweg verfallen, er lebt in dem Wahn vom einmaligen, großen Gewinn, der ihm eines Tages in den Schoß fallen wird. Die Realität, nämlich, dass gelegentliche Glückssträhnen die Ausnahme sind, sieht er nicht. Trotz zahlreicher Zwischenhochs führt der Weg des leidenschaftlichen Spielers finanziell und emotional stetig bergab.

Jede Niederlage zwingt ihn, den Verlust zu rechtfertigen – vor sich selbst und etwa betroffenen Angehörigen. Stets muss er eine Palette an Ausreden bereit haben, schließlich braucht er Argumente gegen die lauernde Depression; er muss sich für die nächste Runde in Hochstimmung bringen. Eigenartigerweise gewinnt ein deprimierter Mensch kaum jemals ein Spiel. Es bedarf einer bestimmten Geisteshaltung, der Einstimmung auf einen in der Luft liegenden Erfolgstrend, wenn jemand beim Glücksspiel einen Treffer landen will. Diese Glückssträhnen freilich sind äußerst unzuverlässige Gesellen, sie bleiben keinem auf Dauer treu, sosehr der Spieler sich suggerieren mag, ihm könne nichts passieren. Am Ende stehen unweigerlich die Ernüchterung, der absolute Verlust.

Der Spieler verliert die Fähigkeit, harmonische Beziehungen aufzubauen und zu leben; hat er eine Familie, ist der Konflikt vorprogrammiert, denn er wird sich am für das Lebensnotwendige bestimmten Geld vergreifen; er muss seine Sucht befriedigen – die Angehörigen stehen ganz am Rande seines Gesichtsfeldes. Unbewusst leidet der Spieler unter seinem zwanghaften Tun mehr, als dass er es genießt. Der Reiz des Risikos, der Nervenkitzel, verliert infolge der Gewöhnung die prickelnde Wirkung. Wer permanent durch Spielen der Problematik seines Schicksals zu entkommen sucht, ist von vornherein betrogen, weil ihn selbst während des Spiels immer wieder die unerbittliche Realität einholt.

12. Kapitel

Das Leben selbst ist der Sinn

In jeder beliebigen Buchhandlung stehen meterweise Bücher, die sich mit Lebenshilfe befassen. Das Spektrum reicht von der populären Psychologie bis hin zu Ratschlägen, wie man außersinnliche Fähigkeiten entwickelt. Jede Religion ist mit ihrer Lehre vertreten, Sie haben gegebenenfalls die Wahl zwischen der harten Linie eines bekennenden Glaubens, der schamanenhaften Mystik exotischer Lehren und Philosophien über Seelenwanderung. Jahrtausende währt die Suche nach der Wahrheit über die menschliche Existenz.

Fatalerweise schlummert in jedem Menschen die Fähigkeit, von sich aus die Wahrheit herauszufinden – vorausgesetzt, er betrachtet sich ohne Berücksichtigung aller Informationen, allen erworbenen Wissens, so, wie er einst auf die Welt gekommen ist. Diesen Zustand wiederzufinden, glaube ich, wäre für jeden von uns von größter Bedeutung. Dann könnten andere auf Millionen Seiten bedrucktem Papier ihre kontroversen Behauptungen verbreiten – uns würde das nicht mehr anfechten. Was die Angelegenheit so unübersichtlich macht, ist die Unzahl der Interpretationen, der Aussagen darüber, welche Aufgabe dem Menschen vom Schicksal gestellt ist und wie er ihr mit welchem Endziel gerecht werden kann.

Kritisch besehen entlarven die Autoren dieser Heilslehren allesamt nur eines: Keiner von ihnen hat sich je still in eine Ecke gesetzt, um darüber zu staunen, dass diese Welt und damit er selbst überhaupt existieren. Dieses Gefühl, vorhanden zu sein, das Wunder der Existenz des Universums zu spüren, ist in sich bereits Antwort auf alle Fragen, die je gestellt werden könnten. Das »Stattfinden«, das Leben selbst ist das Ziel, nichts anderes. Wer das erkennt, stellt keine dummen Fragen mehr danach, was er denn auf der Welt vollbringen soll. Leben soll er, auf die Intelligenz vertrauen, die Wunder wie den Vogelzug vollbringt, die Lachswanderung, den Samen des Löwenzahns und die Weisheit der menschlichen Organfunktionen.

Die einzige Forderung an Sie heißt: »Lebe!« – und sie zieht zwangsläufig eine weitere nach sich, nämlich: »Nimm wahr!« Die Intensität, mit der Sie leben und die Dinge wahrnehmen, macht den Sinn des Lebens aus. Der Urgrund, aus dem alle Wahrnehmung und alles Wahrgenommene hervorgehen, erfährt sich selbst im Erleben des Geschaffenen. Ein weiterer Sinn und Zweck ist weder notwendig noch gefragt.

Wenn man diesen Urgrund, der Ihre und meine echte Identität ist, benennen will, kann das willkürlich und beliebig geschehen, weil keine Bezeichnung das Unbekannte wirklich trifft. Folglich ist es ebenso richtig wie falsch, wenn ich, den alten, weisen Chinesen folgend, »Tao« dazu sage. Wir brauchen ein Wort, einen Namen, wenn wir uns verständigen wollen; aber ich bitte Sie nachdrücklich, den Begriff nicht mit dem zu verwechseln, was er meint.

Erkennen Sie bitte: Wenn Sie und der Strom des ewigen Tao das Gleiche sind, dann müssen Sie nicht erst *werden,* weil Sie bereits alles *sind.* Sie brauchen sich dann nicht zu verwirklichen – *seien Sie* wirklich, das genügt. Von dem Zeitpunkt an, wo alles Streben der Psyche nach Veränderung entfällt, strömt die ganze Energie des Seins in die Qualität der Existenz an sich, ins tägliche Leben hinein. Und von dieser strömenden Energie möchte ich Ihnen auf den folgenden Seiten berichten, damit Sie sie an sich selbst erfahren können.

13. Kapitel

Fluchtwege: Liebhabereien

Einige Aussagen zum Thema »Hobby« habe ich im vierten Kapitel bereits vorweggenommen, dennoch will ich an dieser Stelle noch einige Sätze darauf verwenden. Wer in unserer hochzivilisierten Gesellschaft keine Liebhaberei nachweist, wird von den freizeitbeschäftigten Mitmenschen um seiner Unbedarftheit willen bemitleidet – oder man begegnet ihm sogar mit Misstrauen: Wer seine Zeit eben nicht mit den allgemein anerkannten Mitteln totschlägt, mit dem kann nicht alles stimmen. Das Überangebot an Ablenkungsmöglichkeiten schließt die Lücken, die andere Fluchtwege ihrer Natur zufolge offenlassen. Der Mensch hat die Wahl zwischen bescheidenen Liebhabereien und anderen Hobbys mit hohem Prestigewert. Tennis- oder Golfspielen zum Beispiel scheint vielfach eine unabdingbare Voraussetzung für beruflichen Fortschritt zu sein. Geschäfte lassen sich auf der Spielwiese leichter anbahnen als im Konferenzsaal.

Wichtiger als ihr gesellschaftliches Ansehen ist für unsere Betrachtung jedoch die psychologische Bedeutung der Hobbys. Menschen, die ihren Glücksanspruch ans Leben energisch durchsetzen, wenden sich offensiven Freizeitbeschäftigungen zu, wo Leistung gefragt, wo Ehrgeiz gefordert ist. Andere, weniger aggressiv Veranlagte suchen sich leisere, weniger kampfbetonte Steckenpferde. Das Spektrum ist ungeheuer weit; es reicht von der Freude an der Natur, vom Gesundheitskult über die Tierhaltung und diverse Sammelleidenschaften bis zum körperlichen und geistigen Leistungssport. Und die Volksseele bedarf zur Legalisierung jeglichen Vergnügens einer Körperschaft: des Vereins. Ob Sänger, Angler, Philatelisten, Liebhaber von Kanarienvögeln oder elektrischen Eisenbahnen, Karatekämpfer oder Tänzer – alle wollen sich vereinigen, benötigen jede ihre eigene Dachgesellschaft. Vereine bieten ihren Mitgliedern eine Fülle von Kompensationsmöglichkeiten: Wer im Beruf nicht weiterkommt, sich als »kleiner Mann« am Arbeitsplatz sieht, kann sich als Vorstand bedeutend fühlen, als Leiter der Generalversammlung oder als Büttenredner im Karneval. Wem beim Sport als Preis die Gesundheit nicht genügt, für den gibt es Ehren und Titel genug.

Ich will hier keine Liste aufstellen. Die Problematik besteht nicht darin, dass Sie einer Freizeitbeschäftigung nachgehen; wichtig ist allein die Intensität, das heißt die Frage, ob und wie weit Sie sich mithilfe Ihrer Liebhaberei von der Realität entfernen. Wenn Ihnen das Hobby auch nach ernsthafter Gewissensprüfung ehrliches, ungebrochenes Vergnügen bereitet, dann betreiben Sie es wahrlich ohne Fluchtmotiv. Es zeugt von einer vernünftigen Einstellung, wenn Sie Ihre freie Zeit auch frei gestalten, wenn Sie neben Ihrem Beruf auch Hobbys nachgehen, ohne allerdings mit ihrer Hilfe vor der Realität zu fliehen. Sie können also tanzen, Kakteen züchten, vereinsmeiern oder Schach spielen, ohne dass Spiel und Sport Sie vom Leben trennen. Dann reiten Sie das Steckenpferd – und nicht das Pferd Sie.

14. Kapitel

Seien Sie unzufrieden, aber gründlich!

Von recht fragwürdiger Moral ist die häufig erhobene Forderung, der Mensch möge zufriedener sein. Insbesondere gewisse Philosophen, meist Leute, die selbst wie die Made im Speck sitzen und aus der Sicherheit geordneter Verhältnisse heraus ihre wirklichkeitsfernen Predigten auf den Weg schicken, reden Ihnen gern ein, Ihr Leben ließe sich leichter gestalten, wenn Sie nicht ständig gegen seine Unzulänglichkeiten protestierten. In der Tat haften dem ewig nörgelnden Familienvater, den quengelnden Kindern oder der keifenden, frustrierten Mutter nur in unseren Augen wenig liebenswerte Charakterzüge an.

Auf der anderen Seite ist es nur zu verständlich, wenn Sie Ihre Unzufriedenheit vernehmlich äußern – enthält Ihnen das Leben doch zu viel von seinen Glücksgütern vor. Das Leben des Durchschnittsbürgers wird von Sorgen und Ängsten bestimmt: Überall lauern Demütigungen, an allen Ecken und Enden muss er seine Wünsche zurückschrauben und sich nach der Decke strecken. Das Geld würde reichen, wenn der Monat nur zwanzig Tage hätte, und mit dem Chef wäre auszukommen, wenn er sich ständig auf einer Weltreise befände. Stets stecken Sie in irgendwelchen emotionalen Schwierigkeiten; das Gefühl, mit Ihrem Leben sei nicht alles in Ordnung, lässt Sie keinen Augenblick los, auch wenn es Ihnen gelingt, es wenigstens zeitweise zu übertönen. Sie wissen genau, dass mit den Bedingungen, unter denen Sie leben, kein Staat zu machen ist – sowohl wirtschaftlich als auch in Bezug auf Ihre zwischenmenschlichen Beziehungen kommen Sie gerade so über die Runden. Wollten Sie alle bisher unterdrückten Regungen herauslassen, müssten Sie im Geschäft den Bettel hinwerfen und Ihrem Lebenspartner den Stuhl vor die Tür stellen oder selbst davonlaufen, so weit Ihre Füße Sie tragen.

Nichtsdestotrotz üben Sie sich mit zusammengebissenen Zähnen in Duldsamkeit, versagen sich die eigentlich dringend gebotenen lauten und leisen Proteste gegen die Ungerechtigkeiten des Schicksals. Sie wissen, dass Sie in der Falle stecken und Ihnen keiner heraushilft. Das dumme Sprichwort scheint die ganze Wahrheit zu erfassen: dass nämlich das Leben eines der schwersten sei. Außer Ihrer Furcht, vor dem Nichts zu stehen, wenn Sie alle Konsequenzen ziehen, die Ihnen in Augenblicken ohnmächtiger Wut vorschweben, hält Sie aber auch die Forderung zurück, die da sagt, man dürfe nicht unzufrieden sein. Sie begreifen nicht, dass die Ursache für Ihre Schwierigkeiten gerade in Ihrer konfliktträchtigen Duldsamkeit liegt. Solange Sie sich ducken, kommen Sie nicht heraus aus dem Dreck.

Dass Ihr Leben, Ihr Schicksal offensichtlich absolut fremdbestimmt ist, überwältigt Sie und lässt Sie resignieren. Zuweilen nörgeln Sie, sind öfter schlecht aufgelegt, als dass Sie einen Tag fröhlich beginnen; Sie begegnen Ihrem Alltag äußerst reserviert, weil Sie ihn zu Ihren Feinden rechnen. Im Beruf müssen Sie Ihren Mann, Ihre Frau stehen, ob es Ihnen passt oder nicht – schließlich wollen Sie nicht auf der Straße sitzen oder der öffentlichen Fürsorge zur Last fallen –, aber Erfüllung, wie Sie es sich einst erträumten, finden Sie nicht. Den Blick in die Ferne gerichtet, hoffend, von dort möge eines Tages ein Lichtblick auftauchen, etwas heute noch Undefinierbares, leben Sie vor sich hin und könnten oftmals schreien vor Angst und Wut ob Ihrer stinknormalen und dennoch so verpfuschten Existenz. Aber Sie schreien nicht, Sie unterdrücken die Wut, weil Sie sich keinen Erfolg davon versprechen; viel eher fürchten Sie, noch mehr Schaden anzurichten, wenn Sie Ihre aufgestauten Emotionen endlich herauslassen. Und das ist Ihr Fehler.

Sie dürfen Ihre Unzufriedenheit nicht unterdrücken, dürfen sich nicht selbst beschwichtigen und Ihren Geist durch Trostpflästerchen ruhigstellen. Protestieren Sie, und lassen Sie Ihre berechtigte Unzufriedenheit mit dem Leben überkochen, reißen Sie Augen und Ohren auf; blicken Sie geradewegs auf den desolaten Zustand Ihrer Existenz, sprechen Sie alles aus, was schon lange in Ihnen brodelt. Aber: Klammern Sie nichts aus bei Ihrem Protest, selektieren Sie nicht, sagen Sie nicht: »Na ja, dies oder das geht einigermaßen in Ordnung«, »Wenn ich meine Frau los wäre, würde das genügen, mich glücklich zu machen«, oder »Mit einer neuen Stellung, einem anderen Wohnsitz, mit mehr Geld wäre mir bereits gedient.« Sie müssen den gesamten Inhalt Ihres Bewusstseins verneinen, alles ablehnen, was zu Ihrem Leben gehört. In dieser umfassenden, nichts ausklammernden Unzufriedenheit, der Sie in Ihrem Inneren allen Raum lassen, der Sie gestatten, dass sie Sie beinahe versengt mit ihrer heftigen Glut, steigt eine Energie auf, von deren Existenz Sie bisher nichts ahnten. In diesem Moment des totalen Verneinens, des Protestes gegen die unbefriedigende Qualität Ihres Lebens dringt die Information unmittelbar durch die Nebelwolken Ihrer Illusionen und Tagträume hindurch ins intelligente Zentrum Ihres Gehirns und mobilisiert dort die Kräfte, die gründlich und drastisch Hand anlegen an Ihr Schicksal. Lassen Sie also nichts auf sich beruhen, was Sie stört; seien Sie voller Protest, dulden Sie nicht, worunter Sie so lange schon heimlich leiden. Seien Sie gründlich unzufrieden – und warten Sie ab, was geschieht.

15. Kapitel

Unser Streben nach Sicherheit

Leben und Natur sind zwei Worte für ein und denselben Vorgang. Sie können in der Natur eine ungeheure Zahl von Entfaltungsmöglichkeiten beobachten, unübersehbar viele verschiedene Arten zu leben – aber nirgendwo werden Sie Sicherheit, werden Sie Gewissheiten finden. Einzig in den Köpfen der Menschen gibt es die Illusion einer gesicherten Existenz, und diese Illusion wird durch das Denken erzeugt. Ihr Denken hat zu keinem Zeitpunkt verstanden, dass Sicherheit im Konzept der Evolution nicht vorkommt; es ist eine Vokabel, vom menschlichen Verstand zur Beruhigung ängstlicher Gemüter erfunden. Die in einem anderen Zusammenhang bereits geschmähte Religion trägt nicht wenig zur Erhaltung der Illusion bei, indem sie ihren Anhängern Gewissheiten verheißt, die es tatsächlich nicht gibt. Sie brauchen, während Sie dies lesen, nicht um die Stabilität Ihrer Existenz zu bangen; keine Gefahr droht Ihrem Leben, wenn Sie einsehen, dass es, abgesehen von Ihrer eigenen Lebensgestaltung, keine Garantien gibt.

Zu jedem beliebigen Zeitpunkt könnte ein Blick in die Natur Sie davon überzeugen, wie es sich mit der Sicherheit wirklich verhält. Auf der einen Seite fegen die Herbststürme die – einst zartgrünen – Blätter von den Bäumen, zerstören erste Fröste den Blütenzauber der Gärten, Wiesen und Parks, nimmt das Leben der wunderschönen Schmetterlinge ein Ende, versinkt das Land in den scheinbaren Todesschlaf des Winters. Sie bemerken aber auch an den Zweigen bereits die Knospen des künftigen Laubes, die Knötchen, die sich im Frühling zur Blüte entfalten. Sie finden, wenn Sie in der frostharten Erde graben, in tieferen Schichten bereits die Puppen und Maden der nächsten Generation herrlicher Insekten; Sie finden die Nester kleiner Pelztiere, die ihren Winterschlaf halten. In den ersten Novembertagen pilgern die Menschen zu den Friedhöfen hinaus und legen Blumen auf die Gräber der Toten; Menschen sterben, und doch nehmen tagtäglich die Standesbeamten neues Leben in ihre Register auf.

Würde Ihr Verstand aufhören, Sie als getrennt vom Leben, von der Natur existierendes Wesen auszugeben, könnten Sie spüren, dass Sie die ganze Menschheit sind und Ihre Identität das gesamte Spektrum Ihrer Wahrnehmungen umfasst. Die Erkenntnis, dass Sicherheit nicht zu haben ist, kann Ihr Leben verändern. Das heißt nicht, dass Sie nicht die Chance hätten, achtzig oder neunzig Jahre alt zu werden – es bedeutet lediglich die Aufgabe des fruchtlosen, frustrierenden Ringens um Fortbestand Ihres Ego.

Lassen Sie jedes Erlebnis, jegliche Erfahrung nur für den Moment gelten; halten Sie nichts fest; bemühen Sie sich um keine Erinnerung, denken Sie nicht mehr nach über Vergangenes. Aber auch der Blick in die Zukunft ist von der Angst vor der Ungewissheit diktiert. Sie halten Ausschau nach Orientierungspunkten, nach altvertrauten Mustern, die Ihnen ein Gelingen garantieren sollen. Scheinbar existieren solche Garanten, Sie erleben oft genug, wie die Dinge sich im Kreis drehen und Sie immer wieder die gleichen Erfahrungen machen. Dabei spüren Sie unbewusst, dass diese endlosen Wiederholungen Sie im gleichen Maße gefangen halten, langweilen, wie sie Ihnen das trügerische Gefühl von Geborgenheit vermitteln. Die Kunst, leicht zu leben, basiert auf der Erkenntnis, dass alles Streben nach Sicherheit zwecklos ist.

Paradoxerweise kann diese Erkenntnis, sobald Sie zum Urgrund Ihrer Existenz hindurchgedrungen sind, absolute Sicherheit vermitteln. Dann verstehen Sie plötzlich, dass Ihnen überhaupt nichts passieren kann, was immer auch geschieht. Sie sind der Beobachter Ihres Lebens, und weder Geburt noch Tod vermögen Sie aus dieser Rolle zu drängen, denn alles, was Sie beobachten, wird durch Ihre eigene Aktion gleichzeitig mit der Handlung der Beobachtung aus dem Nichts erschaffen, aus dem es erwächst wie Ihr Organismus am Tage Ihrer Geburt. In den Tiefen Ihres Geistes steht diese Wahrheit geschrieben, ist sie eingraviert – Sie können sie lesen und begreifen, sofern es Ihnen gelingt, sich von der verführerischen, aber egoistischen Illusion absoluter Sicherheit zu befreien.

16. Kapitel

Fluchtwege: Religion

Bei den bisher skizzierten Fluchtwegen kann der Einzelne seine Realitätsabkehr selbst organisieren. Nun gibt es andere, kaum mehr als »Wege« zu bezeichnende breite Straßen, auf denen sich große Gruppen von Menschen von der Wirklichkeit entfernen. Diese »Wege« gelten als erstrebenswert, ethisch wertvoll, sind von der Gesellschaft als für die Psyche unbedenklich anerkannt. Ich rede von der Religion – nicht speziell vom Christentum, sondern von allen Religionen, deren Lehre den Menschen ihre Eigenverantwortung weitestgehend abnimmt.

Wir sind im Grunde äußerst unselbstständig. In einer Welt des Wandels, der Veränderung suchen wir unentwegt das Dauerhafte, Unveränderliche. Die Hoffnung, Sicherheit und erträgliche Verhältnisse ließen sich durch den Glauben herstellen und aufrechterhalten, lässt uns annehmen, wir müssten nur die religiösen Verhaltensregeln befolgen, um dieses Ziel zu erreichen. Wir wollen nicht wahrhaben, wie unser Leben wirklich ist, und suchen Sicherheit bei einer Religion, die uns plausible

Theorien über Sinn und Zweck der menschlichen Existenz anbietet.

Die Religion interpretiert Leben und Tod auf ihre eigene Weise und tröstet mit dem Hinweis auf eine Ewigkeit, die sich dem Gehorsamen öffnet. Angesichts unserer eigenen Bedeutungslosigkeit, die wir zwar erkannt haben, mit der wir uns aber nicht abfinden wollen, wünschen wir nichts mehr, als dass man uns unseren höheren Daseinszweck bestätigt. Und genau dies ist eine zentrale Aussage jeder Religion. Sie stattet ihre Gläubigen mit einem Gerüst von Handlungsmustern, Denkmodellen und Geboten aus, sodass Fragen nach dem rechten Tun, sodass Unsicherheiten im täglichen Leben kaum noch aufkommen. Dieses Korsett scheint der Mensch zu brauchen.

Betrachten Sie sich selbst: Verlören plötzlich über Nacht alle Ihre Lebensregeln ihre Gültigkeit, kämen Sie sich vor, als schwebten Sie im luftleeren Raum. Träte unvermittelt ein Umstand ein, der Ihnen brutal die Augen öffnete und Sie die Nutzlosigkeit Ihres Tuns erkennen ließe, von dessen Sinn Sie bis zur Stunde überzeugt waren, ließe Sie dieser abrupte Verfall Ihrer Parameter an Ihrem Verstand zweifeln. Nur wenige unserer Ängste können uns so grundsätzlich verunsichern wie die Furcht vor ersatzlosem Ausfall einer höheren Autorität. Der Entzug der lebenslang akzeptierten Direktiven erzeugt geradezu Panik. Selbst den Skeptiker, den Agnostiker beschleicht zuweilen Unbehagen, wenn er sich an inzwischen verinnerlichten Geboten versündigt, so stark wirkt die in jungen Jahren empfangene Gehirnwäsche fort.

Religionen operieren nach dem Prinzip von Lohn und Strafe. Der Mensch findet Trost und Halt bei einem Gott, der über sein Leben wacht, ihn vor Gefahren schützt und endlich, nach dem Tode, seinem Gehorsam entsprechend belohnt. Den Christen erwartet das Paradies, der Lohn des Hindus ist die Befreiung vom Zwang der endlosen Wiedergeburten.

Ein Mensch, der sein Leben nach den Richtlinien einer Religion ausrichtet, ist auf der Flucht. Er gehorcht Regeln, die ihn im Gegenzug aus der Verantwortung für sein Tun entlassen – ein Phänomen, das, auf die Spitze getrieben, auch im Befehlsnotstand des Soldaten seinen Ausdruck findet. Der Gläubige kann jeder Herausforderung ausweichen, er kann – sich auf die Gebote seiner Religion berufend – sich vor jeder Entscheidung drücken und nur das tun, was andere ihm als rechtes Handeln vorschreiben. Der Fromme findet seinen Glücksanspruch bereits halbwegs befriedigt, wenn er Gebote befolgt und damit »Punkte« für die Ewigkeit »sammelt« wie ein Schulkind Serienbilder für sein Album. Der katholische Christ genießt weiterhin den Vorzug, dass ihm eine irdische Instanz stellvertretend seine Sünden vergibt. Verstöße gegen die Regeln erscheinen entschuldbar und verlieren durch diese patriarchalische Milde an Härte. Der Strenggläubige, dem die Inhalte seiner Religion »unter die Haut« gehen, kann ziemlich unbeschwert leben.

Kaum ein engagiert religiöser Mensch erkennt, wie er infolge seiner Hörigkeit zu einem unselbstständigen Wesen wurde, das eigenständige Lebensäußerungen einzig innerhalb fremdbestimmter Grenzen kennt. Er hält die Konditionen seines Glaubens für den göttlichen Willen und erlegt sich unzählige Einschränkungen auf, um diesen Willen befolgen zu können und so die ersehnte Sicherheit zu finden. Ein Geschöpf, das nur nachvollzieht, was andere von ihm verlangen, ist niemals frei. Das wirkliche Leben fließt vorbei, vom Gläubigen durch die Brille seiner Ideologie nur noch verzerrt wahrgenommen.

Die Spitze der Realitätsabkehr stellt der Schritt ins Kloster dar, oder ersatzweise die Einsiedelei. Wer sich für ein Leben ohne die Risiken, den Schmerz und das Glück entscheidet, die das menschliche Dasein doch ausmachen, erkauft sich hinter Klostermauern Schutz vor den Stürmen des Schicksals, tauscht das Wagnis des Lebens gegen die Ruhe ein. Der Schritt aus der Gemeinschaft heraus soll den Einsamen vor Leid bewahren. Der Preis sind strenge körperliche und geistige Zucht, Verzicht auf viele Genüsse, Tage des Gebets oder der Meditation. Der Weltabgewandte hat jede Beziehung zur Realität abgebrochen. Allerdings: Dass er von fleischlichen Gelüsten in Zukunft verschont bliebe, dass er die Sehnsucht nach Gefühlen für andere Menschen überwände, ist Illusion.

Der Heilige, der Einsiedler muss den Bedürfnissen von Geist und Körper Gewalt antun – im Grunde ist der Fromme gewalttätiger als der Sünder. Wer sich selbst all jene Dinge versagt, die, in Maßen genossen, die Würze unseres Daseins ausmachen und die uns die Natur so verschwenderisch darbietet, der verleugnet das Einzige, was er wirklich besitzt: das Leben selbst. Der mit der Askese verbundene Anspruch auf ewigen Lohn ist Fiktion; es gibt keinen Anhaltspunkt, dass Weltabkehr einen anderen Sinn, ein anderes Ziel hat als das der Flucht.

Überhaupt ist die Einstellung vieler Gläubiger paradox: Sie erklären Gott zum Schöpfer einer Welt, mit der sie ganz und gar nicht zufrieden sind und mit der sie schlecht zurechtkommen. Keiner sucht den Grund für die durcheinandergeratene Welt bei sich selbst, man schiebt die Schuld den Verhältnissen zu und der Zwietracht unter den Menschen. Und der Gott dieser Leute greift nicht ordnend, vergeltend ein. Vielleicht, trösten sie sich, ist das Erdendasein unser Prüfstein, in dem wir uns für ein besseres zu bewähren haben. Ein Dasein, das der Getreuen harrt, die sich ausreichend bemüht haben, um es zu erlangen. Und unter der Anstrengung ist, den allgegenwärtigen geistlichen Führern zufolge, die Abkehr von der einzig unserer Erfahrung zugänglichen Welt zu verstehen. Ihre Sicht dieses Gottes gipfelt in dem Schluss, er habe unsere wunderschöne Erde geschaffen, damit Menschen sie verleugnen können. Als Lohn für ihre Ablehnung des Existierenden, als Lohn für ihre Unfähigkeit, mit sich selbst und ihren Mitmenschen zurechtzukommen, erwarten die »Aussteiger« dann eine bessere, schönere, mühelosere, heilere Welt in einem nebulösen, unbewiesenen Jenseits. Statt sich endlich selbst zu ändern, jeder für sich allein, hängen sie haltlosen Illusionen nach. Der klare Verstand sollte eigentlich dem Vernünftigen sagen, dass dieser Gott blind sein muss, wenn er sich auf derartige Spielchen einlässt.

Wenn Sie die Wahrheit über sich herausfinden wollen, dürfen Sie nichts glauben. Glauben ist ein Denkvorgang, und es stimmt, was immer Ihnen darüber gesagt wurde; Sie können es an sich selbst beobachten. Untersuchen wir, wie Gläubigkeit entsteht: Zunächst befinden Sie sich im Zustand der Unwissenheit; Sie können zu diesem frühen Zeitpunkt in Ihrem Leben nicht beurteilen, was andere für wahr halten. Dann erzählt man Ihnen eine Geschichte, berichtet vom lieben Gott, der im Himmel droben sitzt, der die Gerechten belohnt und die Bösewichte bestraft. Und Ihr junger, noch unverbildeter Geist speichert diese Informationen; der Berichterstatter ist für Sie eine Autoritätsperson, und es gibt keinen Grund, an seiner Aussage zu zweifeln. Er vervollständigt nach und nach das Bild, das er zu zeichnen begonnen hat, weist Sie an, verlangt, die Realität nicht unvoreingenommen, sondern aus seiner Perspektive zu betrachten und zu bewerten. Jedenfalls glauben Sie, was Sie hören, und es ist Ihr Denken, das diese Glaubensinhalte aufnimmt und weiterverarbeitet.

Es gibt zahllose Tagträumer, die Ihnen dagegen versichern, ihr Glaube komme nicht aus dem Intellekt, er sei in ihren Herzen angesiedelt. Aber das ist Gerede. Man kann das Herz symbolisch als Sitz der Gefühle betrachten, der Glaube jedoch basiert auf seinen Inhalten, und diese Inhalte sind Produkte des Gedächtnisses, weil das Gehirn sich die Lehren zuerst merken musste. Glaubensinhalte sind Bestandteil des menschlichen Wissens. Das meiste dessen, was Sie für Wissen halten, glauben Sie lediglich, Sie nehmen es an – so verschwommen sind die Grenzen zwischen Gewusstem und Geglaubtem. Sie können mir möglicherweise präzise die Zusammensetzung des Atoms erklären, vom Kern berichten, vom Tanz der Protonen und Neutronen und von den relativen Abständen der Elemente zueinander. Wenn ich aber ernsthaft frage, ob Sie dieses Wissen durch eigene praktische Erfahrung, durch persönliche Beobachtung erlangt haben, so werden Sie passen müssen, wenn Sie nicht gerade Kernphysiker sind. Sie werden eingestehen müssen, dass Sie es glauben, weil Sie vermuten, man könne den Veröffentlichungen der Wissenschaft trauen. So verhält es sich mit dem größten Teil Ihres Wissens und etwaiger Glaubensinhalte. Sie sagen, dass die Sonne auf- oder untergeht – tatsächlich aber ist es die Erde, die sich um die eigene Achse dreht und so die Illusion von der Sonnenbewegung schafft. Und dass dem wirklich so ist, müssen Sie gleichfalls glauben, denn höchstens vom Weltraum aus könnten Sie es beobachten und dann wirklich *wissen*.

Die scholastischen Theologen weigerten sich einst, durch das Teleskop GALILEO GALILEIS zu blicken. Sie waren der Auffassung, ihre heiligen Schriften sagten ihnen ausführlich genug, wie der Weltraum beschaffen sei. Untersuchen Sie doch einmal Ihren Wissensschatz unter diesen ketzerischen Gesichtspunkten, und sehen Sie nach, was Sie tatsächlich wissen und in wie vielen Fällen Sie nur annehmen, etwas zu wissen. Glauben wie auch Wissen entstehen als Folge von Lernprozessen; sie sind in Ihrem Gedächtnis verankert. Ihr Verstand erzeugt Glauben und Wissen, das Herz bleibt aus dem Spiel.

Sie können wunderbar ohne Glauben leben. Wahrheit vergeht nicht, auch wenn niemand daran glaubt. Im Gegenteil: Nur wenn Sie jede Gläubigkeit ablegen, ermöglichen Sie sich den direkten Blick auf Ihr Leben, und nur dort finden Sie jene Antworten, die Religion und Philosophie Ihnen niemals geben können. Der Glaube ist keine natürliche Begabung des menschlichen Geistes, aber der Zweifel ist es, die Skepsis. Sie müssen nicht darum kämpfen, Ihren Glauben abwerfen zu können – die Einsicht, dass es sich um einen Denkvorgang handelt, würde genügen.

Und diese Einsicht ist leicht zu erlangen, denn aus dem unvoreingenommenen Blick auf sich selbst, auf die eigene Realität entsteht unbedingt Erkenntnis. Falls Sie religiös sind, versuchen Sie sich zu erinnern: Ist es Ihnen in der Vergangenheit nicht gelegentlich widerfahren, dass Sie in besinnlicher Stunde ein Gefühl beschlich, als ob Ihr Glaube sich verflüchtigen wollte, sich in Nichts auflösen? Sie erlebten eine gesunde Regung Ihrer Psyche, die sich von allen Doktrinen, von allem Reglement befreien wollte. Sie würde auf keinem Glauben beharren, den sie nicht auch wahrnehmen könnte. Wahrheit können Sie riechen, schmecken, ertasten, hören, sehen – aber Sie können sie nicht glauben, denn sie ist real, sie existiert, und sie duldet keine Vorstellungen von sich. Die alten Heiligen kannten dieses Empfinden der Flüchtigkeit ihres Glaubens, sie argwöhnten dann eine Versuchung durch den Satan und rangen sich noch innigere Hingabe ab. Dabei ist Zweifel eine sehr gesunde Lebensäußerung. Sie müssten sich dieser inneren Strömung nur überlassen, ohne sich weiter an

Ihre Denkmuster zu klammern. Ihre natürlichen inneren Kräfte würden eine Selbstreinigung in Gang setzen und Freiheit von allem Irrtum bewirken.

Auf Glauben und von außen an Sie herangetragene Überzeugungen können Sie gut verzichten; was Sie dagegen bräuchten, ist Vertrauen. Im Volksmund gelten Glauben und Vertrauen gleich viel, ihre Inhalte scheinen austauschbar – sogar Dichter, die ich schätze, gebrauchen das Wort Glauben dort, wo sie Vertrauen meinen; sie verwenden den falschen Begriff, doch ist aus dem Kontext leicht die wahre Bedeutung herauszulesen. Glauben und Vertrauen sind zwei grundverschiedene Vorgänge. Ersterer entspringt dem Intellekt und gehorcht dem Willen, Vertrauen dagegen entsteht intuitiv, kein Willensakt kann es erzeugen. Das »Glauben« kann sich auf ganz verschiedene Objekte – nicht nur religiöse – richten: Ich glaube zum Beispiel an ein Leben nach dem Tode, an die Treue meiner Frau, die Stabilität meiner Aktien, die Solidität meiner Bank oder an den allmächtigen Gott. Die Inhalte sind austauschbar – gestern glaubte ich dies, heute lasse ich mich umstimmen und glaube jenes. Gemeinsam ist allen Glaubensinhalten ihr Ursprung. Der Anstoß zu glauben erreicht mich von außen, spricht meinen Verstand an, meine Wünsche, Ängste, mein Verlangen nach Belohnung oder Fortschritt. Glaube ist immer eine Reaktion auf äußere Einflüsse, auch dann, wenn Sie seine Substanz verinnerlichen und für eigenes Geistesgut halten. Glaube benötigt zu seinem Fortbestand ein Ziel, einen Beweggrund.

Vertrauen dagegen ist unteilbar. Es umfasst alle Existenz, ist niemals auf einen bestimmten Punkt konzentriert und hat kein Motiv. Im Vertrauen offenbart sich das Tao. Es kann vom Verstand weder hervorgerufen noch berührt werden. Wo Glaube und Zweifel wie Feuer und Wasser zueinander stehen, verträgt Vertrauen den Zweifel ohne Mühe. Ich möchte sogar behaupten, dass Vertrauen dort auflebt, wo Zweifel die klischeehafte Gläubigkeit, die zwanghafte Denkrichtung aufbricht. Glaube ist trotz des großen Energieaufwands angreifbar und anfällig für Erschütterungen. Dem Vertrauen dagegen haftet die Beständigkeit des Unendlichen an. Und wenn Sie nach diesen Ausführungen fragen, wem, bitte, Sie um Gottes willen vertrauen sollen, dann lautet die Antwort: keiner bestimmten Person; vertrauen Sie dem Leben, das auf unübersehbare Weise mit Ihnen identisch ist. Dieses Vertrauen fällt Ihnen als Geschenk in den Schoß, wenn Sie sich allem fremden Einfluss versagen.

Wurde Ihnen jemals unversehens bewusst, wie erstaunlich es ist, dass Sie existieren? Haben Sie jemals einen unerklärlichen Hauch von Freiheit gespürt? Eine erregende Ahnung, die von Ihnen Besitz ergriff? Ein tief aus dem Unbewussten emporsteigendes Gefühl der Macht über die Verhältnisse? Und empfanden Sie in dem Augenblick nicht eine Stärke, als könnten Sie die Welt aus den Angeln heben? Doch Sekunden später schloss die Tür sich wieder, die einen Spaltbreit aufgegangen war. Ihr Verstand legte Ihnen die Hand auf den Arm und raunte Ihnen zu: »Sei kein Narr, das kannst du nicht!« Rasch verflog das Hochgefühl, und zurück blieb die alte Angst vor dem Versagen. Die Chance, sich dem Tao über das Gefühl zu nähern, war verpasst. Denn Ihr Gefühl war echt, Ausdruck einer realen Möglichkeit; es trog Sie nicht, wie Sie im Nachhinein feststellten, falls Sie sich Gedanken darüber machten. Sie hätten Ihrem Gefühl vertrauen sollen, statt sich von Ihrer Voreingenommenheit, Ihrem Glauben an einmal übernommene Urteile hindern zu lassen.

Vielleicht haben Sie auch versucht, nach diesem kurzen Moment der Erkenntnis nun auf dem Weg über die Ratio der Präsenz des Tao nachzuspüren und so das flüchtige Gefühl wiederzufinden, das Ihnen für Augenblicke so viel Zuversicht gab. Und nach einer Weile fruchtlosen Bemühens gaben Sie verärgert, entmutigt auf, weil außer einigen wirren, unbestimmten Ahnungen nichts Rechtes zustande kam. Dem Intellekt gelingt es nicht, das Gefühl für die Existenz des eigenen Urgrundes heraufzubeschwören. Wäre es anders, dann hätte Generationen vor Ihnen bereits jemand darauf stoßen müssen. Wahrhaft kluge Köpfe – HEGEL, LEIBNIZ, DESCARTES, KANT, GOETHE und viele andere – haben sich zu ihrer Zeit das Hirn zermartert, gegrübelt und geforscht, ohne dass sie ihrem Ursprung auf die Spur gekommen wären. Sie müssen die ungewöhnliche Forderung verstehen lernen, dass nur ein Mensch ohne eingefahrene Überzeugungen, ohne die Willkürherrschaft eigener und fremder Meinungen das schöpferische Verstehen seiner selbst spontan erfahren kann.

17. Kapitel

Die Qualität des Augenblicks

Eine Eigenart unseres Bewusstseins ist es wert, genauer untersucht zu werden: Wir können mit der Originalqualität des erlebten Augenblicks nichts anfangen. Wie Sie den gegenwärtigen Moment empfinden, wird von Vergangenheit und Zukunft bestimmt. Der herrlichste Frühlingsmorgen mit allem, was dazugehört, kann Ihnen gestohlen bleiben, wenn Sie am Nachmittag zum Zahnarzt müssen oder am Vortag der Gerichtsvollzieher bei Ihnen war. Dann hören Sie die Vögel nicht und sind blind für den Tanz der Staubkörnchen in der Sonne, die durchs Fenster blickt. Ihr Sinnen und Trachten beschäftigt sich fast ausschließlich mit dem Problem, das hinter Ihnen liegt oder das Sie bald erwartet. Es kann sich natürlich ebenso gut um erfreuliche Ereignisse handeln, von denen Sie entweder zehren oder auf deren Eintreten Sie sich freuen. Was offenbar jedes Tier mühelos kann, scheint dem Menschen verwehrt zu sein. Ständig sind Sie von Unrast und Erwartung erfüllt, zu keiner Zeit blicken Sie unmittelbar auf das Geschehen des Augenblicks. Vielleicht bemerken Sie zuweilen diese unangenehme Eigenart Ihres Geistes, aber Sie akzeptieren sie, ohne sich die Frage nach einer möglichen Alternative zu stellen. Daher möchte ich sie jetzt stellen: Muss es denn zeitlebens so bleiben, dass Sie und ich nicht in der Lage sind, die Gegenwart bewusst zu erleben, ohne dass uns die Last und Lust der Vergangenheit begleiten?

Ich kenne Menschen, die häufig eine wahre Reisewut befällt: Beinahe ständig sind sie nach irgendwohin unterwegs; sie rühmen sich ihrer Mobilität, bemitleiden die »Sesshaften« – aber in Wirklichkeit rennen sie vor sich selbst davon. Wir tun uns schwer damit, es mit uns selbst lange auszuhalten. Andauernd drängt es uns zu Taten, zu Aktivität; nie schweigt unser unruhiger Geist still, immerzu treibt ihn Verlangen an; diffuse, unausgesprochene, ungeklärte Wünsche und die Angst, etwas zu verlieren oder zu versäumen, vereinigen sich zu sinnloser Triebkraft.

Wir haben die Frage gestellt, ob sich dieser nervenaufreibende, sogar zerstörerische und lebensverneinende Zustand jemals ändern kann. Ja, Sie können es ändern. Allerdings nicht, indem Sie mit aller Willenskraft auf Ihre geistigen Strömungen einzuwirken und sie umzuleiten versuchen. Das würde den Konflikt nur verstärken, ohne Sie dem Erfolg näherzubringen. Eine Änderung würde erst eintreten, wenn Ihr Gehirn den eigenen Zustand durchschaute. Bevor Sie nicht sehr, sehr kritisch auf die Tätigkeit Ihres Geistes schauen, sich also nicht mehr mit seinen chaotischen Bewegungen abfinden, ändert sich nichts. Erkennen Sie bitte: Nur wenn Sie aufmerksam und vernünftig die immerwährende Hektik in Ihrem Inneren untersuchen, können Sie Ihren Zustand, Ihr Fluchtverhalten begreifen. Sie dürfen aber auch dabei nicht fliehen – und eine Flucht wäre es bereits, wenn Sie Erklärungen für Ihre desolate Verfassung suchten oder wenn Sie damit einverstanden wären.

Versuchen Sie zu erkennen: Die schöpferische Energie zur Lösung von Existenzproblemen erwächst einzig aus dem Augenblick des Geschehens. Während Sie sich von der Last der gestrigen Ereignisse niederdrücken und ablenken lassen, versäumen Sie den Kontakt zur Quelle Ihrer Lebensqualität. Sie brauchen sich vor dem Vergangenen, was immer es beinhaltet, nicht zu fürchten, wenn Sie wach und aufmerksam dem Gegenwärtigen begegnen. Zu dieser Begegnung aber sind Sie bedauerlicherweise nicht fähig, weil Ihr Geist einfach die realen Bedingungen einer harmonischen Existenz nicht verstanden hat.

Sie müssten nur zwei Dinge klar und deutlich erkennen: Einmal, wie lebenswichtig Ihre geistige Präsenz in der Gegenwart ist, weil dann ohne weiteres Zutun Ihre Lebensumstände genesen könnten, und zum anderen, dass Sie infolge Ihrer Prägungen nicht dazu in der Lage sind. Beide Punkte sind gleichermaßen wichtig, und sie bedingen Ihre absolute Ehrlichkeit. Sie müssen sich eingestehen, wie gering Ihr Talent zum Erleben der Wirklichkeit ist und wie unfähig Ihr Wille ist, das zu ändern. Mit dem Betrachten des eigenen Chaos und dem Eingeständnis Ihrer Ohnmacht den Umständen gegenüber betreiben Sie Ursachenforschung. Im Erkennen der Gründe für das problematische menschliche Alltagsverhalten liegt auch der Schlüssel zur Abhilfe.

Freilich kann kein anderer Mensch, kein Lehrer oder geistiger Führer Ihnen die Gewissheit geben, dass Ihr Leben besser beschaffen wäre, wenn Sie mit allen Sinnen, mit Herz und Kopf und Geist und Gedanken in der Geborgenheit des jeweiligen Augenblickes verweilen würden. Diese Gewissheit können Sie nur erlangen, indem Sie es ausprobieren.

Die Ursache dafür, dass wir den Ballast der Sorgen, Leiden und Vergnügen von gestern mit uns herumtragen, liegt darin, dass wir selbst ein Produkt der Vergangenheit sind. Es ist das Bild von uns, das wir ständig mit uns führen; und dieses Bild ist ständig in Gefahr, durch die widrigen Umstände beschädigt zu werden. Sie müssen erkennen, dass das Bild, das Sie von sich pflegen, ausschließlich aus Teilen der Erinnerung zusammengesetzt ist und keinerlei gegenwärtige Realität besitzt. Realität ist, dass Ihr Selbstgefühl das Produkt von gestern ist. Es hat keinen echten Bezug zur Gegenwart. Aus diesem Grund dreht Ihr Denken den Spieß um. Sie können nicht einsehen, dass ein aus Erfahrungen der Vergangenheit gewonnenes Persönlichkeitsbild einzig aus Ideen besteht, die dem realen Leben nicht begegnen, es nicht berühren können.

Ihr Denken greift also zu dem einzig noch möglichen Kunstgriff: Es verlegt das Geschehen des Augenblicks in eine andere Zeit, eben in die Vergangenheit. Ihr Geist wartet ab, bis ein Ereignis verstrichen ist; dann erst nimmt er es auf und lässt ein Bild des Vorgangs entstehen, das er dem soeben Aufgezeichneten gegenüberstellt. Auf diese Weise spielt sich Ihr Leben im luftleeren Raum beziehungsweise in der Vergangenheit ab. Nur dadurch gewinnt sie diese Übermacht über Ihr Leben. Das ist die Ursache dafür, dass Ihnen die Qualität des Augenblicks nichts sagt, nichts von ihrer Kraft und Schönheit geben kann. Sie existieren zum Zeitpunkt, da Ihre Sinne aktiv sind, überhaupt nicht. Es gibt Sie, so wie Sie sich als Mensch und Ich fühlen, nur als eine Wesenheit, die sich aus vergangenen Erfahrungen, Kränkungen, Lernprozessen und Erfolgen zusammensetzt. Sie müssen diesem synthetischen Gebilde in sich auf die Spur kommen. Dazu ist es nötig, dass Sie über den eigenen Schatten springen – denn ohne diesen Sprung über die Illusion Ihrer Ich-Vorstellung hinweg werden Sie zeitlebens nicht fähig sein, die Wirklichkeit zu erleben.

18. Kapitel

Ein seltsames Phänomen: Die Präsenz des Experten

Wir neigen grundsätzlich dazu, ungewöhnliche Vorgänge auf der Basis bereits gemachter Erfahrungen zu deuten. Die Folge ist, dass den meisten Menschen der tiefe Sinn wundersamer Begebenheiten entgeht, dass sie Indizien, die ihnen den Weg aus ihren Sorgen und Nöten weisen könnten, kurzerhand zum übrigen Müll ihrer wirren Erinnerungen werfen. Ich will zwei einigermaßen absurde Beispiele anführen und versuchen, sie auf eine andere als die Ihnen geläufige Art zu interpretieren. Es geht dabei um das Phänomen, das ich »die Präsenz des Experten« nennen möchte.

Nehmen Sie an, in Ihrer Wohnung tropft seit Tagen der Wasserhahn, das Geräusch macht Sie allmählich rasend, seine Monotonie stört Sie erheblich. Sie haben bereits versucht, den undichten Hahn noch etwas fester zuzudrehen, wagen aber nicht, weitere Gewalt anzuwenden, aus Sorge, das Ding zu überdrehen und am Ende machtlos dem plötzlich wild herausschießenden Wasserstrahl ausgeliefert zu sein. Sie erreichen nach einiger Mühe telefonisch einen Installateur, der Ihnen verspricht, gegen vierzehn Uhr vorbeizukommen. Sie sind beruhigt, das Geräusch des tropfenden Wassers stört Sie nicht mehr so stark, weil Sie schließlich bald mit Abhilfe rechnen dürfen. Es nähert sich der Zeitpunkt, an dem der Installateur zu kommen versprach, und Sie wundern sich, *wie* wenig der Hahn Sie noch stört – bis Ihnen plötzlich bewusst wird: Er tropft ja überhaupt nicht mehr! Irgendeine geheimnisvolle Macht, die Tücke des Objekts, hat auf seltsame Weise offenbar den Schaden behoben. Der Fachmann kommt schließlich, dreht mit professionellem Griff am Wasserhahn, öffnet und schließt ihn ein paar Mal und erklärt Ihnen dann, Sie hätten ihn lediglich nicht fest genug zugedreht (was, wie Sie sicher wissen, nicht stimmen kann), aber er werde dennoch zur Sicherheit und weil er sowieso einmal da sei, eine neue Dichtung einsetzen.

Eine vergleichbare Beobachtung können Sie gelegentlich nach einer Nacht voller Zahnschmerzen machen: Sie schlucken Tabletten, die nicht wirken, im Wechsel lesen Sie und wälzen sich unruhig auf dem Lager herum; die Nacht will kein Ende nehmen; Sie sehnen den Morgen herbei und den Moment, da Sie das Sprechzimmer Ihres Zahnarztes betreten können. Endlich ist es soweit: Sie sind angekommen, schmerzerfüllt, übernächtigt und voller Hoffnung, dass Ihnen nun bald geholfen wird. Ein paar Leute sind bereits da; Sie nehmen im Wartezimmer Platz und greifen nach einer zerlesenen Illustrierten. Und plötzlich stellen Sie fest: Ihre

Zahnschmerzen sind verschwunden. Beinahe genieren Sie sich später, dies dem freundlichen Arzt einzugestehen; Sie setzen sich auf den Marterstuhl und tun so, als ob die Pein noch akut wäre. – Oder, was ich schon fertiggebracht habe: Sie schleichen sich, Belanglosigkeiten murmelnd, an der offenen Tür der Praxishelferin vorbei und gehen still wieder nach Hause.

Man hat für dieses ziemlich häufige Phänomen etliche Erklärungen bereit, spricht von der Psychologie des Schmerzbewusstseins, von der Beruhigung des Nervensystems, wenn man weiß, dass Hilfe nahe ist, und so weiter. All diese Thesen enthalten einen wahren Kern – wenn man davon absieht, dass damit die Geschichte mit dem Wasserhahn noch lange nicht erklärt ist, denn dessen Nervenkostüm wäre – falls überhaupt vorhanden – gewiss sehr robust.

Betrachten wir die Sache aus einer neuen Perspektive: Die Homöostase des menschlichen Geistes, die Heilkraft Ihres Gehirns, ist imstande, Ihren eigenen Organismus *und* sein Umfeld zu harmonisieren, sprich: zu heilen. Diese Heilkraft kommt deshalb so selten zum Tragen, weil Sie selbst mit Ihrer Geisteshaltung, mit Ihren Vorurteilen und Ihrer Unkenntnis das System lahmlegen. Ihr Zahnschmerz oder der tropfende Wasserhahn zermürben Sie so sehr, dass Sie erst mit der Aussicht auf eine schnelle Erlösung von dem Übel von Ihren krampfhaften ideellen Bemühungen, von Ihrem Widerstand gegen die Realität ablassen. Wenn Sie das Sprechzimmer betreten oder mit dem Installateur telefoniert haben, leugnen Sie die Tatsachen schon weniger energisch; die Gewissheit, dass die Not bald ein Ende haben wird, gestattet Ihnen trotz der Unannehmlichkeit einen freieren Blick. Dieser objektive Blick auf die Realität setzt in Ihrem Geist, der sich unbewusst sehr wohl mit den Ereignissen verbunden weiß, eine schöpferische Kraft frei; Veränderung wird möglich. Wären Sie imstande, auch weiterhin diese entspannte, zuversichtliche Mentalität beizubehalten, die Ihnen in der tröstlichen Atmosphäre der Zahnarztpraxis half – Sie hätten fürwahr zahllosen noch ausstehenden Konflikten den Nährboden entzogen.

Nach einem ähnlichen Prinzip vollzieht sich – was den technischen Ablauf betrifft – die Erhörung eines Gebetes. Ich will an dieser Stelle nicht die Existenz eines Schöpfers in Gestalt oder Nichtgestalt des Urgrundes leugnen; ich verneine lediglich die vom Denken erzeugte Figur eines Vaters im Himmel, der als Empfänger von Huldigungen oder auch Bittgesuchen infrage käme. Die Schöpfung, das Tao, ist von unbeschreiblicher Intelligenz. Diese Intelligenz teilt sich jeglichem wahrnehmbaren Element im Universum mit und pflanzt sich in Kettenreaktionen von sich selbst organisierenden Prozessen fort. Die sichtbaren Äußerungen dieser sich selbst organisierenden Intelligenz bezeichnen wir als Leben. An Sie und mich ist bedeutend mehr Verantwortung und unbewusste, unwillkürliche Machtfülle delegiert, als unser Verstand verkraften kann.

Sie haben vielleicht gewaltige Sorgen, und weil Sie religiös erzogen wurden, fallen Sie schließlich auf die Knie und flehen zu einem Gott um Hilfe, an den Sie zu glauben gelehrt wurden. Vor dem Gebet beziehungsweise der Erkenntnis, dass außer Ihrem Gott keiner Sie mehr retten kann, waren Sie in dieser vertrackten Situation verkrampft und verzweifelt. Sie fühlten sich noch nutzloser, vom Schicksal ins Abseits gestellt, als in Nächten voller Schmerz und Krankheit oder an Tagen, an denen an allen Ecken schiefging, was nur schiefgehen konnte. Sie waren am Ende und haben beschlossen, dass nur Gott Ihnen noch helfen kann.

In dem Moment, in dem Sie sich Ihren Kummer von der Seele redeten, erfüllte Sie ein großer Friede (man kennt dieses Phänomen auch im Zusammenhang mit der Beichte, wenn jemand über seine vermeintliche oder echte Schuld sprechen darf). Sie waren nun fähig, das gewaltige, drängende Problem still zu betrachten. Der Blick auf die Dinge, ohne Wunsch und Verlangen, frei von intellektuellen Korrekturversuchen, Ihre konzentrierte, der Realität zugewandte Geisteshaltung setzten das schöpferische Heilverfahren, die Radikalkur Ihrer Schwierigkeiten in Gang. Dieser Vorgang trug keine Merkmale des »Heiligen«; es gab keinen eingreifenden großen Bruder, der vom Himmel aus mit dem Finger auf Sie gedeutet und zu seinen Helfern gesagt hätte: »Hört das Gebet dieses Sünders, ihm sei die Bitte gewährt.« Mit einer solchen Vorstellung wären wir im Bereich des Märchens, des Plump-Mystischen angelangt. Wenn Sie dann überdies Gleichgesinnten von Ihrer Gebetserhörung berichteten, würde das Geschehene, das allein aus Ihnen geborene Wunder, den Falschen gutgeschrieben.

19. Kapitel

Fluchtwege: Krankheit

Die Diskussion über psychosomatische Krankheiten reißt nicht ab. Die Schulmedizin erkennt heute die Existenz solcher Erkrankungen an. Uneinigkeit besteht in der Frage, wie umfangreich der psychische Einfluss auf das Entstehen von Krankheiten ist. Hier scheiden sich die Geister. Die Spezialisierung der Ärzte, die bewirkt, dass immer mehr Mediziner immer mehr über wenige Störzonen und immer weniger über andere Gebrechen wissen, hat dazu geführt, dass Ursachenforschung nur noch im Detail betrieben wird und dem Erreger des Leidens nicht auf die Spur kommen kann, weil sie die Gesamtheit des Körpers nicht mehr im Blick hat. So nimmt es nicht wunder, dass die Spezialisten es zwar für möglich halten, dass die Psyche auch Organerkrankungen auslöst, dass dies aber keinerlei Einfluss auf Diagnose und Behandlungsmethoden hat.

Ich will versuchen, die Bedeutung von Krankheit als Fluchtweg aufzuzeigen. Dazu muss der Zusammenhang zwischen Organismus und Psyche beleuchtet werden. Die Verständigungsschwierigkeiten beginnen bereits beim Begriff »Psyche« und dem, was der Einzelne darunter versteht. Wenn Sie Psyche im religiösen Sinne verstehen, in ihr den unsterblichen, göttlichen Part Ihrer Person sehen, dann ist die Psyche nicht für die Entstehung von Krankheiten verantwortlich. Auch wenn die Frage nach ihrer Existenz nicht gültig beantwortet werden kann: Eine solcherart idealisierte Psyche wird nicht zerstörerisch auf ihren Wirtskörper einwirken.

Psyche im Sinne der Wegbereiter der Psychologie und ihrer Nachfolger ist ein Produkt der Gehirnzellen und folglich organischer Natur, Materie. Das Ich-Bewusstsein, das gesamte Spektrum bewusster oder verdrängter Erinnerungen, unsere Wünsche, Ängste und Leiden machen die Psyche aus. Dieses Gefüge motiviert die Handlungen des Menschen – und es kann auch krank machen, denn es ist in den Neuronenzentren des Gehirns angesiedelt, in engster Nachbarschaft der Bereiche, die zuständig sind für die Zellerneuerung, die Bildung von Antikörpern bei Infektionsgefahr, denen also eine maßgebliche Funktion bei der Heilung von Krankheiten zukommt. Die Bewusstseinsinhalte mögen lokal von den Steuerungsmechanismen der Organe getrennt sein, aber operativ korrespondieren sie unentwegt miteinander. Die Trennung zwischen Psyche und Physis ist rein dialektisch. Sie werden den Einfluss Ihres Bewusstseins auf die Gesundheit leichter erkennen, wenn Sie in diesem Zusammenhang die Psyche als Organ betrachten, nicht anders als das Herz, die Lungen oder den Darm. Damit werden Sie den tatsächlichen Gegebenheiten einigermaßen gerecht.

Ich will betonen, dass ich keineswegs grundsätzlich die Existenz eines nichtmateriellen Grundes leugne, aus dem die Dinge hervorgehen. Er ist im Menschen präsent, aber von anderer Beschaffenheit und Wirkungsweise und uns viel näher, als wir gemeinhin annehmen.

Mit dem Postulat des organischen Charakters psychischer Vorgänge wird ihr Bezug zu Krankheiten deutlicher. Die Psyche selbst ist auf die Unversehrtheit ihrer Werkzeuge, der Gehirnzellen, angewiesen, wenn sie funktionieren soll. Abstumpfende Tätigkeiten, endlose Wiederholungen in Beruf und Alltag, seichte Freizeitgestaltung, überhaupt jede Art von Monotonie führen dazu, dass Gehirnfunktionen verkümmern. Auch aufwühlende Emotionen, Sorgen, Gewissensqualen, starke negative Gefühle wie Hass, Eifersucht, Neid oder Argwohn schädigen unmittelbar das Gehirn, selbst wenn der Mensch das nicht bewusst registriert. Das psychische Wohlbefinden beeinflusst die körperliche Kondition.

Noch ist das Wechselspiel zwischen geistigen und körperlichen Prozessen nicht befriedigend erforscht; wer jedoch seinen Organismus unvoreingenommen und ohne den Versuch einer Diagnose beobachtet, kann leicht wahrnehmen, wie stark Stimmungsschwankungen sich auf seine Vitalität auswirken. Ich bin der Meinung, dass die allermeisten Krankheiten psychische Ursachen haben.

Scheinbare Ausnahmen sind Seuchen und Epidemien, die Menschen mit geschwächten Abwehrkräften überfallen, wie es leider vielfach in Ländern der dritten Welt der Fall ist. Die sozialen Missstände, die Unterernährung und mangelnde Hygiene wirken dort zwangsläufig auch negativ auf die geistige Gesundheit ein. Die Menschen resignieren, geben sich auf; die Psyche sucht angesichts der hoffnungslosen Lebensumstände das drastische Fluchtmittel: den Tod. Auch die Krankheit als Folge unvernünftiger Lebensweise ist nur scheinbar eine Ausnahme: Die Psyche löst das Fehlverhalten aus, der hemmungslose Genuss als Mittel der Flucht zieht auch den Organismus in Mitleidenschaft und zerstört ihn schließlich.

Neben Seuchen und der Misshandlung des Körpers durch eigene Unvernunft gibt es eine Unzahl von Krankheiten, an deren Entstehen die Psyche maßgeblich beteiligt ist. Und man muss sich fragen, wie das möglich ist. Wie kann es passieren, dass ein Bereich des Gehirns Muster ausbildet, die sich auf andere, lebenswichtige Teile des Körpers so negativ auswirken? Kein Mensch bei klarem Verstand wird sich bewusst eine Krankheit herbeiwünschen. Wenn ein Mensch erkrankt, ist der Anteil seiner Psyche an diesem Drama nicht durchschaubar. Der menschliche Geist reagiert auf Probleme jeder Art reflexartig mit Flucht. Eingebunden in Lebensverhältnisse, die einen offensiven Fluchtweg oft nicht zulassen, sucht die verstörte Psyche ihr Heil im Rückzug. Weil der Mensch sein Leben nicht versteht, es ängstlich, verschlossen lebt, statt ihm offen gegenüberzutreten, bewahrt er sich, tief im Unbewussten verborgen, die Sehnsucht nach dem Mutterleib. Wenn das Leben ihn bedrängt, möchte er zurückkehren in die dunkle, warme

Höhle seiner pränatalen Geborgenheit. Selbst im Wachbewusstsein widerfährt es Ihnen: Wenn Sie müde sind, Sorgen Sie bis zur Erschöpfung plagen, dann suchen Sie Ihre Höhle, Ihr Bett, auf, ziehen sich die Decke über die Ohren und nehmen Zuflucht in Ihrem Ersatzmutterleib. Die Höhle spendet Trost, gewährt im Schlaf Vergessen, und Sie gewinnen neuen Mut für die nächste Schlacht.

Eines der beiden Hauptmotive für die Flucht in die Krankheit ist diese unbewusste Sehnsucht nach der Geborgenheit des Fötus, ist der unerkannte Wunsch, sich Gründe für ein ungestörtes Verweilen in der schützenden Höhle zu schaffen. Wenn Sie mit Ihrem Beruf unglücklich sind, unter Stress leiden, Schikanen hinnehmen müssen, überarbeitet sind, angeödet, vollkommen frustriert und hoffnungslos; wenn Ihr Privatleben aus den Fugen gerät oder enttäuschend verläuft, Einsamkeit ins Herz einzieht – dann drängt es Sie zur Flucht nach innen. Es gibt viele Anlässe, die Reaktion ist die gleiche: diese Bewegung heraus aus der Verantwortlichkeit und hinein in einen Zustand, der das Sich-Zurückziehen in die heimlich geliebte Zufluchtsstätte rechtfertigt.

Quasi als Zugabe beschert Ihnen dieser Rückzug noch die Aufmerksamkeit einer sonst gleichgültigen Umgebung. Kranksein ist mit Privilegien verbunden. Vom Kranken wird nicht die Leistung des Gesunden erwartet, seine Mitmenschen sehen ihm Schwächen nach, die sie sonst streng reklamieren würden. Der Patient ist auf Zeit aus seinen Verpflichtungen entlassen: Während sein Verstand mit dem Leiden ringt, sind die Krisenherde seiner

Existenz in weite Ferne gerückt. Seine Gebrechen befreien ihn vom Korsett äußerer Zwänge, sie entlassen ihn aus der Erwartungshaltung der Angehörigen. Dem sonst Vernachlässigten und Geforderten beschert seine Krankheit Gesellschaft und Pflege.

Sehr ausgeprägt ist das Bedürfnis nach – elterlicher – Zuwendung bei Kindern. Es darf nicht wundern, wenn insbesondere die kindliche Psyche ihren lautlosen Schrei nach Beachtung in Form einer Krankheit zum Ausdruck bringt. Bei einiger Aufmerksamkeit sind die Signale des Kindes leicht zu lesen. Bekanntlich sind Kinder, die lange den engen Körperkontakt zur Mutter genießen – beispielsweise im Tragetuch wie bei einigen Naturvölkern –, bedeutend weniger anfällig für Krankheiten. Hier entsteht die Wärme einer innigen Beziehung, die so ein kleines Wesen am dringendsten braucht. Die weniger pfleglich behandelten Kleinen erschleichen sich das Mehr an mütterlicher Zeit durch häufigeres Kranksein. Der erwachsene Mensch bedient sich anderer Mittel, damit er beachtet wird; ihm steht eine Palette an Ausdrucksmöglichkeiten zur Verfügung, die dem Kleinkind fehlt. Doch wenn alle bekannten Techniken versagen, sich Gunst zu erwerben, erinnert sich der Geist an die Erfolgserlebnisse der Kindheit, wo eine plötzliche Krankheit wie durch Zauberhand den Vernachlässigten zum Mittelpunkt des Interesses machte. So kann es geschehen, dass wir Älteren unsere unbewusste Sehnsucht nach einem größeren Maß an Zuwendung zuweilen ausdrücken, indem wir krank werden.

Das zweite Motiv der Flucht in die Krankheit ist dem Betroffenen ebenso wenig bewusst wie das erste. Hier wird Krankheit ausgelöst durch Groll, Hass auf sich selbst und notorische Unzufriedenheit mit dem eigenen inneren Wesen. Der Keim zum Selbsthass wird in der Kindheit gelegt: Wenn die Mutter sich ihre Liebe durch Gehorsam und Unterwerfung des Kindes bezahlen lässt, ihre Zuneigung dosiert, rationiert je nach dem kindlichen Wohlverhalten, erzeugt das im Kind schon sehr früh einen selbstzerstörerischen Hass. Es weiß, dass es die Mutter, von der es abhängig ist, nicht hassen darf; also richtet es die Stoßkraft aller negativen Gefühle gegen sich selbst und verdrängt diese Gefühle zugleich. In späteren Jahren wirkt diese kindliche Verachtung der eigenen Korruptheit unkontrolliert fort. Eine Zeitbombe tickt im Unbewussten, und in Situationen, da andere sich nach innen zurückziehen, leiden, resignieren und auf diese Weise der Krankheit Tür und Tor öffnen, wandelt sich bei diesen Menschen Lebensfrust in Aggression. Aggression, die sich scheinbar nach außen richtet, aber der Dolchstoß geht nach innen. Die Psyche zorniger, hassender Menschen weiß, dass sie über Emotionen die Feinde draußen nicht besiegen kann. Sie beginnt mit der Zerstörung deshalb dort, wo Aussicht auf Erfolg besteht: bei sich und ihrem eigenen Organismus.

Sind die Signale des menschlichen Geistes erst auf Vernichtung eingestellt, ist die Krankheit nicht mehr aufzuhalten. Der unbewusste Wunsch nach einer Strafaktion kann so stark sein, dass er am Ende zum Tod des Betroffenen führt. Überhaupt kommen viele Menschen nach einem unvoreingenommenen Blick auf blockierte Zukunftsaussichten, auf ein unbefriedigendes Leben zu dem Schluss, dass ihnen nur der Tod als letzter Ausweg bleibt. Im Unbewussten geistert diese Vorstellung häufiger herum, als man vermutet. Unter dem Druck misslicher Verhältnisse, einer aussichtslosen Situation kann sich diese Sehnsucht nach Erlösung durch den Tod zu einer ungeheuren Kraft entwickeln, die den Antireaktionen des Körpers ein Schnippchen schlägt und den Organismus zerstört.

Trotz unterschiedlicher Ansätze in der Diagnostik beschränkt sich die Schulmedizin nach wie vor darauf, den erkrankten Organismus lokal zu behandeln, mit Medikamenten, die unmittelbar auf den Krankheitsherd einwirken. Die Frage, wie krank die Lebensverhältnisse des Patienten sind, wird nicht gestellt. Doch gerade an diesem Punkt wäre auch die soziale Frage dringend zu beantworten. Das Auftreten von Krankheit nehmen wir als Selbstverständlichkeit hin, ohne die Ursachen auch unter der Oberfläche zu suchen. Viele Menschen fristen ein derart elendes Dasein, dass ihr Geist sein Heil nur noch in einer Flucht in die Krankheit sehen kann. Ich habe Tiere erlebt, die als Reaktion auf verschlechterte Lebensbedingungen kurzerhand gestorben sind, ohne dass sich Symptome einer Krankheit gezeigt hätten. (Vielleicht stellt es sogar den höchsten Grad geistiger Hygiene dar, wenn das Gehirn sich in hoffnungsloser Lage sagt: »Genug für diesmal, machen wir Schluss und beginnen wir etwas Neues.« Wer weiß das schon?)

Dennoch kann die Instanz, die Krankheiten auslöst, diese auch heilen. Sobald Sie den unbewussten, für die Krankheit verantwortlichen Prozess zu verstehen beginnen, seine Wurzel erkennen und seinen Verlauf begreifen, können Sie – nun bewusst – den Vorgang auch umkehren. Wir kennen Berichte von Menschen, die einzig durch die Stärke ihres Willens ein lebensbedrohendes Leiden besiegen konnten. Allerdings sei einschränkend angemerkt: Bei der Auflösung krank machender psychischer Impulse kann der Wille nur insofern etwas bewirken, als er die nihilistische, zur Flucht in die Krankheit drängende Geisteshaltung attackiert und damit verändert. Es gibt einen besseren Weg: Sie setzen an der Wurzel des Übels an, dort, wo Sie sonst beim Anblick Ihrer Lage davonlaufen. Die Energie, die der Geist zur Flucht in die Krankheit einsetzt, indem er das Immunsystem lahmlegt und damit eine legale Befreiung von Verpflichtungen erzielt, kann ebenso gut unmittelbar zur Wandlung der krankmachenden Lebenssituation eingesetzt werden.

Sie müssen zunächst wirklich begreifen, wie zerstörerisch sich die Fluchtbewegung Ihres Geistes auf Ihr Leben auswirkt. Sie müssen sich eingestehen, dass Sie als Gesunder wie als Kranker den Umständen hilflos gegenüberstehen, und Sie müssen sich der daraus resultierenden Angst stellen. Von der Stunde an, in der Sie erkennen, dass die Krankheit Ihre Probleme noch verstärkt, in der Ihnen klar wird, dass die Flucht in die Krankheit Ihre Konflikte nicht löst, niemals lösen kann, wird der selbstzerstörerische psychische Impuls verschwinden.

(An dieser Stelle muss ich allerdings eine Warnung an Betroffene einfügen: Die vorhandenen, realen Krankheitssymptome verschwinden nicht von selbst, auch wenn Ihr Geist sein unbewusstes Verhalten ändert; Sie müssen sich einer ganz normalen ärztlichen Behandlung unterziehen, das Leiden muss auskuriert werden. Wenn Sie allerdings Ihr Fluchtverhalten durchschauen, verhindert das eine Wiederholung des alten Musters.) In Zukunft wird die bisher fehlgeleitete Energie an der richtigen Stelle eingesetzt; sie kann fortan heilend auf den Organismus und sein Umfeld einwirken, sodass nach und nach keine Notwendigkeit zur Flucht mehr besteht.

Freilich dürfen Sie innere Krisen und aufwühlende, verunsichernde Emotionen nicht scheuen. Das wird nicht leicht sein, denn Sie wurden dazu erzogen, nur ein geordnetes, fest organisiertes Leben für erstrebenswert zu halten. In der Natur jedoch sind Umbrüche stets von Chaos und Krisen begleitet; das Chaos ist geradezu unverzichtbar, wenn neue Ordnungen entstehen sollen. Auch Sie und ich sind Teil der Natur, wenngleich wir uns in unseren Betonburgen scheinbar weit von ihr entfernt haben. Jeder Mensch, sogar jedes Wirtschaftsunternehmen unterliegt den natürlichen Gesetzen des ununterbrochenen Wandels. Sie müssen den Zerfall Ihrer alten inneren Ordnung zulassen, wenn Ihr Leben sich grundlegend bessern soll. Ihre bodenlose Angst, sich Ihrer verfahrenen, krisenhaften Existenz widerstandslos auszuliefern, löst erst Chaos aus, Ihr Innenleben gerät völlig durcheinander. Die meisten von Ihnen möchten zwar tiefe Gefühle erfahren und alles Angenehme intensiv erleben – aber den negativen Aspekten des Lebens gegenüber möchten sie immun sein, ohne Gefühle, gepanzert. Das ist nicht möglich. Entweder öffnen Sie sich allem Erleben, lassen Lust und Schmerz ohne Unterschied an sich heran, oder Ihr Innenleben verkümmert, erstarrt in seiner gefühlsarmen Sicherheit.

Sobald Sie sich dem Wandel stellen, dem eigenen inneren Chaos, der Fluktuation von Gefühlen und Wertmaßstäben, und Sie sich mit dem Verlust Ihrer Parameter abfinden, erlangen Sie sehr bald einen neuen harmonischen, gesunden Zustand der Ordnung. Wohlbefinden und Glück stellen sich ohne Ihr Zutun ein, ohne dass Sie Kraft aufwenden und Energie investieren. Der chinesische Weise TUSCHUANG TZU drückte das vor Jahrtausenden in einem Gleichnis aus: Ein Mann stürzt einen Wasserfall hinunter, er übersteht den gefährlichen Unfall unversehrt. Er habe überlebt, so erklärt er später, weil er sich widerstandslos dem Strom überlassen habe, ohne jede Korrekturbewegung, ohne Rettung zu suchen. Nur auf diese Weise können Sie auch aus der Krankheit herausfinden: indem Sie sie zulassen, indem Sie Ihr Umfeld betrachten und sich den Verhältnissen, Ihrer Unsicherheit und Ratlosigkeit stellen. Lassen Sie sich hineinfallen in den Strom Ihres Lebens und Ihrer Wahrnehmungen.

Nahezu hoffnungslos endet eine andere Variante der Flucht in die Krankheit: In diesem Fall zerstört der menschliche Geist keine Organe, sondern sich selbst; es ist eine Flucht in Geisteskrankheiten, Psychosen, Schizophrenie und andere Varianten des Wahnsinns. Hier ist die Realitätsabkehr bis ins Extrem gesteigert, der Bezug zur wirklichen Welt ist vollkommen gestört, der Kranke findet keinen Zugang mehr zum alltäglichen Geschehen. Er ist dem Unglück seines Lebens erfolgreich entflohen. Kein Feind wird den Kokon durchdringen, in den er sich eingesponnen hat. Der Geisteskranke hat sich in seinen Elfenbeinturm zurückgezogen und ist nicht bereit, jemals freiwillig von dort zurückzukehren. Wenn es der Psychiatrie gelegentlich gelingt, einen Geisteskranken zu »kurieren«, ist das in fast allen Fällen das Ergebnis massiver Medikation; der Zustand des Patienten bleibt nur so lange stabil, wie dieser (mit Steigerungstendenz) die verordneten Mittel einnimmt.

20. Kapitel

Ein »ozeanisches« Gefühl

Hier hätte ich noch eine kleine Übung für Sie: Es geht darum, dem Problem der menschlichen Einsamkeit auf den Grund zu gehen. Das Gefühl der Isolation verlässt Sie, wenn Sie genau in sich hineinhorchen, nicht einmal, wenn Sie sich in angenehmer Gesellschaft befinden – Sie können sie sogar erschreckend intensiv in Gegenwart eines geliebten Menschen registrieren. Vielfach verdrängen Sie das Empfinden, weil es Ihnen undenkbar erscheint, so weit entfernt von Ihrem vertrauten Partner zu sein. Oder es drängt sich gar der Verdacht auf, Sie hätten sich Ihre Liebe zu ihm nur eingeredet, denn was Sie bei der Erforschung Ihrer Gefühle zutage fördern, ist nicht die Antwort, die Sie suchen. Sie sind trotz scheinbarer Verbundenheit mit den Personen und auch mit Tieren und Gegenständen, die Sie umgeben, doch sehr stark isoliert von ihnen. Sie sind allein, sind innerlich total vereinsamt. Und diese Erkenntnis jagt Ihnen Angst ein: Sie klammern sich nur noch fester, inniger an das, was Sie umgibt. Auf diese Weise entstehen Ihre Abhängigkeiten.

Geraten Sie bitte nicht in Panik, wenn ich Ihnen versichere, dass Ihre Beziehungslosigkeit zu geliebten Menschen, Gegenständen und Tätigkeiten ganz unvermeidlich ist. Sie existiert seit Ihrer Kindheit, damals wurde der Grundstein gelegt, und nimmt mit dem Lebensalter zu. SIGMUND FREUD schreibt in seinem Buch »*Das Unbehagen in der Kultur*« sehr treffend dazu: »Dieses Ichgefühl des Erwachsenen kann nicht von Anfang an so gewesen sein, es muss eine Entwicklung durchgemacht haben, die sich begreiflicherweise nicht nachweisen, aber mit ziemlicher Wahrscheinlichkeit konstruieren lässt. Der Säugling sondert noch nicht sein Ich von seiner Außenwelt als Quelle der auf ihn einströmenden Empfindungen ab. Er lernt es allmählich auf verschiedene Anregungen hin.«

Bei der angekündigten Übung geht es mir um den Versuch, dieses Existenzgefühl des Säuglings wieder zu wecken, der noch nicht von der Außenwelt getrennt ist. Freud nannte das Gefühl nach einem Zitat von ROMAIN ROLLAND das »ozeanische Gefühl«. Mir ist dabei klar, dass weder der Wille noch die Fantasie ein Gefühl wiederherstellen können, an das Sie sich nicht einmal erinnern. Liebe, Hass oder Trauer sind Empfindungen, die Sie wiederholen, die Sie sich suggerieren können, weil Sie sie kennen; es sind Gefühle, die das Gedächtnis gespeichert hat, vielfach wiederkehrende Emotionen. Aber gerade das Neue am »ozeanischen« Gefühl (wenn ich diesen Ausdruck entleihen darf) ist voller Reiz für den, der ernsthaft nach der Quelle seiner Existenz forscht. Bei unserer Übung müssen Sie zunächst begreifen, dass Sie dieses Gefühl des

Einsseins mit der Außenwelt nicht künstlich hervorrufen können, weil Sie nicht wissen, wie es beschaffen ist. Was ich für einen großen Vorteil halte. Dass Sie jemanden lieben, können Sie sich leicht suggerieren, Sie können sich bekannte Gefühle ins Gedächtnis rufen und sie beliebig übertragen. Doch in unserem Fall funktioniert das nicht. Wie also soll die Geschichte dann zustande kommen?

Nun, im Prinzip auf dem umgekehrten Wege, auf dem Ihnen einst das Gefühl abhanden kam. Es wurde Ihnen aberzogen. Sie sollten nun zuerst Ihre selektiven Versuche aufgeben, Verbundenheit herzustellen, Sie sollten aufhören, »mein Haus«, »mein Mann«, »meine Briefmarkensammlung«, »mein Freundeskreis« zu sagen: Sie sind diesen Dingen überhaupt nicht verbunden, Sie bilden es sich nur ein. Wenn Sie in sich hineinhorchen, fällt der ganze Spuk Ihrer Beziehungen plötzlich auseinander; Sie stellen nun fest, dass Sie einsam sind. Gestehen Sie sich diese Tatsache endlich ein, täuschen Sie sich nicht länger. (Sie werden im Gegenzug so viel mehr Beziehungen entdecken, die Ihren gesamten Lebensraum umfassen.) Mit diesem Eingeständnis Ihrer inneren Beziehungslosigkeit ist die Hälfte der Aufgabe bereits erfüllt.

Als nächsten Schritt sollten Sie sich aufgeschlossen, interessiert, engagiert dem großen Ganzen zuwenden. Sie sind innerlich vereinsamt, und Ihre »Beziehungskisten« haben bisher diese Einsamkeit nur verstärkt, sie gewissermaßen als Katalysatoren erst richtig spürbar werden lassen. Hören Sie auf, sich in Bezug auf Ihre Zuneigungen zu spezialisieren. Geben Sie alle Forderungen, alle Erwartungshaltungen den Objekten Ihrer Gunst gegenüber auf. Erleben Sie, was das Leben Ihnen bietet, ohne Beweggründe. Und stellen Sie sich Ihrer Einsamkeit, öffnen Sie sich dem Schmerz, den sie zwangsläufig mit sich bringt, lassen Sie ihn zu: Es ist der Schmerz, der zur Genesung führt. Die Menschen gelangen ganz selten nur über diesen Punkt des Alleinseins, der Isolation hinaus, weil sie viel eher schon fliehen, sich in die Illusion von Verbundenheiten stürzen, die es nur in ihrer Fantasie gibt.

Eine Möglichkeit gibt es vielleicht, Ihnen dieses »ozeanische« Gefühl näherzubringen. Ich muss dabei davon ausgehen, dass Ihr Gehirn und das meine wie das der gesamten Menschheit gleich sind, unterschieden nur durch die Aufzeichnungen individueller Erfahrungen, gleich hingegen in der Übereinstimmung der Empfindungswahrnehmungen.

Lassen Sie sich von einem Gefühl berichten, das ich als Kind empfand – zweimal nur, soweit ich mich erinnern kann.

Ich war damals ein kleiner Junge von vier oder fünf Jahren, und ich trabte neben meiner Mutter her aus der Stadt heraus zu unserer Wohnung in der Vorstadt. Wir hatten das Geld für die Straßenbahn gespart und uns dafür jeder eine Schneckennudel gekauft, die wir während des Fußmarsches aßen. Es war später Frühling, kurz zuvor war ein Gewitterregen niedergegangen. Die Sonne brach wieder durch, Dampf stieg vom Asphalt empor, und die Luft roch unbeschreiblich nach Frühling. Unvermittelt, ohne jede Ursache, überkam mich ein ungeheures Glücksgefühl: Es war, als ob ich selbst dieser Frühlingstag wäre mit all seinem Zauber, mein Herz öffnete sich weit, die Welt befand sich darinnen, und ich erfuhr sie mit allen meinen Sinnen. Das Erlebnis währte höchstens Sekunden; es hallte noch eine Weile nach und verklang schließlich im Nichts, woher es gekommen war.

Später, mit dreizehn Jahren, wiederholte sich die Erfahrung. Es war ein silbergrau bewölkter Spätwintertag, als ich meinen Vater – wieder zu Fuß – von meinem Geburtsort ins Nachbardorf begleitete. Der Weg führte über einen steilen Hügelkamm, und als wir oben angelangt waren, stellte sich plötzlich, nach acht oder neun Jahren, dieses gewaltige Gefühl wieder ein. Ich erinnerte mich sofort und versuchte, es dieses Mal festzuhalten, doch es entschwand wie damals. Später habe ich mehrfach versucht, dieses Empfinden der Einheit mit dem Leben zu rekonstruieren, es in Gedanken nachzuvollziehen – aber meine Mühe blieb vergebens, dieses Glück versagte sich mir.

Erst lange danach, als ich fundamentale Zusammenhänge zwischen Denken und Glück zu verstehen begann, erwachten diese frühen Empfindungen von selbst wieder: Unerwartet, bei nichtigen Anlässen, überkam mich plötzlich das Gefühl des absoluten Wohlbefindens, der Sorglosigkeit; sein Klang schwebte einen Moment lang in der Luft und verhallte dann. Inzwischen ist dieses Gefühl häufiger, anhaltender bei mir zu Gast, und ich habe es längst aufgegeben, es festzuhalten, ihm nachzuhelfen, es bewusst hervorzurufen. Derartige Gefühle kommen auf wie der Wind, wehen Sie an und schweben davon, unbeeinflusst von Ihren Wünschen und Sehnsüchten. Da mir diese Erfahrung an einem sehr harmonischen Samstag nach vielen Jahren zum ersten Mal wieder begegnete, nenne ich die Erscheinung heute mein »Samstagsgefühl«.

Kramen Sie doch einmal in Ihrer Erinnerung, ob Sie Ähnliches erlebt haben – selbst wenn es selten war und nur Sekundenbruchteile währte. Man kann das »ozeanische« Gefühl ebenso wenig bewusst rekonstruieren wie etwa den Hunger. Wenn Sie satt sind, ist es Ihnen unmöglich – probieren Sie es aus –, dieses ganz bestimmte Hungergefühl zu simulieren. Es hängt damit zusammen, dass Hunger ein unmittelbarer, vitaler Lebensvorgang ist, den Sie nicht beliebig kopieren können.

Das Gefühl, *ganz* zu sein, erfahren Sie, wenn Sie still in Ihrer Einsamkeit verharren, wenn keinerlei Wünsche in Ihrem Kopf herumspuken. Allein und ohne irgendwelche Motive, nur beobachtend, sind Sie dem Tao außerordentlich nahe – so nahe, dass Sie seine Präsenz in Gestalt dieses mächtigen und doch federleichten Glücksgefühls wahrnehmen. Lassen Sie es auf sich einwirken, aber suchen Sie es nicht festzuhalten – und erklären Sie es nicht.

21. Kapitel

Fluchtwege: Liebesbeziehungen

Das menschliche Streben nach religiöser Abhängigkeit, Einsiedelei oder die Flucht in die Krankheit sind Versuche des Geistes, durch weitgehenden Verzicht auf spektakuläre, ungehemmt genossene Erfahrungen einen Schutzwall gegen den Schmerz zu errichten. Ich will zum Abschluss jene Fluchtmöglichkeit beschreiben, die am häufigsten gewählt wird und die zugleich ein Höchstmaß an Glücksempfinden verspricht: die Liebesbeziehung zwischen zwei Menschen. Leider stehen den möglichen intensiven positiven Gefühlen ebenso starke Möglichkeiten des Schmerzes gegenüber. Die Beziehung zu anderen Menschen ist ein unverzichtbarer Bestandteil unserer Existenz, ja, Leben ohne eine Beziehung der Erscheinungen zueinander ist undenkbar. Wir brauchen die Nähe anderer, und ein Geist, der sich gegen alle Beziehungen abschottet, erkrankt und leidet größere Qual in seinem vorbeugenden Verzicht, als alles Liebesleid ihm bescheren könnte.

Viele Menschen standen nie in ihrem Leben allein da. Noch in der Geborgenheit des Elternhauses lebend, suchen sie sich ihren Lebenspartner, der Wechsel aus der Gemeinschaft mit den Eltern in die Gemeinschaft des Paares geschieht nahtlos, ohne dass eine Zeit des Alleinseins eine Zäsur gesetzt hätte. Andere, weniger Glückliche vereinsamen sehr früh – infolge des Todes der Eltern oder einer Trennung, Scheidung. Oder katastrophale häusliche Verhältnisse treiben den Heranwachsenden hinaus, zwingen ihn, selbstständig zu werden. In jedem Fall sehnt sich ein geistig gesunder junger Mensch nach der Wärme und Zuneigung eines Geschlechtspartners. Diese Sehnsucht erlischt meist bis ins hohe Alter hinein nicht mehr. Wer im Laufe seines Lebens die geliebte Bezugsperson verliert – durch Tod, Untreue oder andere Ereignisse –, wird bald nach Ersatz suchen. Wir brauchen den engen Kontakt zum anderen. Wir ersehnen die Fortdauer elterlicher Zuwendung und suchen sie in der Liebe einer Frau, eines Mannes. Dieses natürliche Verlangen nach einem Partner beschwört an sich keinen Konflikt herauf; auch die gesunde Triebhaftigkeit, der erotische Reiz der Begegnung, des Sichkennenlernens und Zusammenlebens bergen keinen Zündstoff in sich – vorausgesetzt, es schleichen sich in den Wunsch nach Partnerschaft keine fremden Motive ein. Nebenabsichten, Berechnung können das Glück einer Verbindung drastisch schmälern.

Wir sind im Herzen zutiefst einsam, unser Denken isoliert uns in jeder Lebenslage vom Geschehen, fremd ist uns alles, was außerhalb unserer eigenen Haut existiert. Deshalb sind wir nicht gern allein; wir brauchen die Gesellschaft von Menschen, die wir mögen, weil sie auf unsere Interessen eingehen. In Ihrer Flucht vor der Einsamkeit begegnen Sie also einem Partner, der die Leere ebenso fürchtet wie Sie. Sie verbinden Ihre Einsamkeiten, jeder sucht beim anderen Zuflucht und Sicherheit. Zwei Menschen, die sich lieben, werden zunehmend abhängig voneinander; sie sind sich gegenseitig Trost und Stütze; wenn das Leben stürmt, wähnen sie sich gemeinsam den Problemen eher gewachsen. In Wahrheit werden Sie im Falle einer existenzbedrohenden Krise bestürzt erkennen, dass *beide* Partner völlig verstört sind; die eigene Einsamkeit bricht hervor, jeder leidet für sich allein. Ihnen wird nun bewusst, wie sehr Sie angesichts der Katastrophe voneinander isoliert sind.

Das Problem mit der Liebe beginnt bereits zu dem Zeitpunkt, da sich zwei Menschen begegnen, von denen keiner je mit der eigenen Einsamkeit zu leben gelernt hat. Hier treffen zwei Flüchtlinge aufeinander; jeder hat bereits mehr oder weniger erfolgreich versucht, der Wirklichkeit zu entfliehen.

Ein weiser Spruch lautet: »Wer nicht für sich alleine sein kann, ist auch nicht zur Gemeinschaft fähig.« Ein hartes Wort, aber es steckt viel Wahrheit darin. Vielleicht haben Sie selbst diese Erfahrung gemacht: In vielen Beziehungen zwischen Menschen wird nach einiger Zeit Stagnation spürbar, Langeweile kommt auf, die Betroffenen fragen sich bang, ob dies das Ende ihrer Liebe sei. Man überspielt das Tief, wird aktiver, unternimmt mehr gemeinsam oder trennt sich für eine Weile.

Liebesverhältnisse ermüden, weil man den anderen nicht einfach genießt, ohne bestimmte Wünsche damit zu verbinden. Von Kind an ist Liebe uns ein Tauschmittel, mithilfe dessen wir Menschen an uns binden können. »Ich liebe dich, du bist all mein Glück, ich will dir den Himmel auf Erden schenken – aber wehe, wenn du mich nicht wiederliebst, dann ist es aus mit meiner Zuneigung.« So ist leider beim zivilisierten Menschen die Liebe zum Partner oft beschaffen. Und sie funktioniert, diese Art von Liebe, weil alle Beteiligten, ja ganze Familien sie weiterhin für unverbrüchlich halten und das wechselseitige Spiel von Geben und Nehmen mitspielen, ohne seinen Sinn zu hinterfragen. Mancher fragt sich voller Wehmut, weshalb die Zuneigung den Zauber der ersten Begegnung verliert, grübelt, was geschehen sein mag, dass dies eintrat. Nichts anderes ist geschehen, als dass er in den alltäglichen, gelangweilten, stumpfen Geisteszustand zurückfiel, den er kannte, bevor er seinen Partner kennenlernte. Eine Weile konnte der Verstand sich über die eigene Leere hinwegmogeln, Neuland im Partner entdecken, den Reiz des Unbekannten genießen, bis das begehrte Wesen scheinbar erforscht war.

Mann und Frau sammeln Bilder voneinander, ihr gegenseitiges Verstehen basiert auf dem Wissen über den anderen. Es ist dieses Streben nach Sicherheit und Gewissheit in einer Beziehung, das sie so stumpf werden lässt. Menschen, deren Umgang miteinander zunächst frisch und unbefangen war, reizvoll und sehr beglückend, begegnen sich irgendwann auf dem Umweg ihrer gegenseitigen Vorstellungen voneinander. Man erblickt im Partner, im Geliebten die Summe seiner Erfahrungen mit ihm, lebt aus der Erinnerung und zerstört so den Zustand, den man eigentlich mithilfe der Rückschau bewahren wollte. Werte und Charaktereigenschaften des anderen, aufgrund derer unter anderem die Verbindung eingegangen wurde, werden institutionalisiert, bilden die Basis gegenseitiger Ansprüche und Vorwürfe. Man fordert vom anderen Hingabe und möchte selbst vereinnahmt werden, man fordert ein Verhalten gemäß dem Bild, das man sich vom Partner gemacht hat, und bemüht sich, dem Bild des anderen von einem selbst gerecht zu werden. Aus solchen Forderungen leitet der Mensch die Zuversicht ab, dass eine Beziehung endlos fortbestehe; er erkennt nicht, wie jeder der Partner zum anderen flieht. Trotz permanenter, enger Gemeinschaft spüren wir alle, liebe Leserin, lieber Leser, wie wenig wir dem geliebten Menschen geben können, wie einsam wir beide auch im Zusammensein noch immer sind. Viel Verzweiflung verbirgt sich oft hinter der Fassade stabiler Gemeinschaft. Neben vitalen Bedürfnissen ist die Angst vor dem Leben oft der Hauptgrund für den Fortbestand unbefriedigender Ehen und Freundschaften.

Im Gegenzug finden wir Menschen mit der Neigung, die Phasen von Zuneigung und Ernüchterung im Zeitraffer zu durchleben. Sie wechseln häufig den Partner, neigen dazu, sich rasch zu verlieben und sich ebenso rasch vom anderen zu trennen. Und sie sind fast immer todunglücklich dabei. Ihnen ist eine Partnerschaft keine dauerhafte Fluchtmöglichkeit; nach jedem Scheitern nimmt ihre Suche an Hektik zu, wird schließlich zur Sucht. Ihre Beziehungen leiden unter der oberflächlichen Kommunikation, am Ende bleiben nur die sexuelle Befriedigung, Episoden des Lusterlebens, die das Herz leer lassen. Treffen zwei Gleichgeartete aufeinander, kann der Hauptakzent ihrer Bindung von vornherein auf der Erotik liegen. Hier setzen zwangsläufig die Gewöhnung, der nachlassende Reiz dem Glück Grenzen. Bald wird man sich in der Vorstellung oder tatsächlich mit anderen Bettgefährten beschäftigen. Ob eine solche Partnerschaft fortbesteht oder nicht, ändert nichts an ihrem Scheitern: Sie bietet weder Zufriedenheit noch Sicherheit. Wenn schließlich mit dem Alter der müde Körper seinen Dienst versagt und der auf Genuss gepolte Geist ins Leere zielt, kann dieser Weg nicht mehr zur Glückseligkeit führen. Liebesbeziehungen auf einer rein physischen Basis müssen verarmen, wenn keine anderen Berührungspunkte vorhanden sind.

Wie gesagt, sind die meisten Partner in einer Liebesbeziehung voneinander abhängig. Dieser Zustand ist durchaus normal; er hat seine Ursachen in der gemeinsamen Glückserfahrung, gemeinsamen Erinnerungen, der Gewöhnung aneinander und der daraus resultierenden Unfähigkeit, sich ein Leben ohne den anderen vorzustellen. Die Skizze wäre unvollständig ohne den Hinweis auf die Zwischentöne, die Machtverhältnisse innerhalb einer Beziehung. Wir finden es nicht merkwürdig, wenn in Partnerschaften eine Person – meist die männliche – dominiert. Es entspricht dem Rollenbild unserer Gesellschaft, und die Religion weist der Frau sowieso den Platz halbrechts hinter dem Mann zu. Seltener kommt es vor, dass die Frau den Ton angibt. Hinter dieser scheinbar akzeptablen Machtverteilung verbirgt sich ebenfalls eine Art von Flucht.

Das Verhalten der Menschen zueinander wird unter anderem von einem Phänomen bestimmt, das in der frühen Kindheit wurzelt: von dem Hang, sich unter Aufgabe der eigenen Identität einem Partner vollständig zu unterwerfen. Oder, umgekehrt, von dem Wunsch, den anderen total zu beherrschen. Beide Verhaltensweisen gründen in fehlendem Selbstvertrauen. Das autoritär erzogene Kind, das mit Prinzipien, Regeln und endlosen Verordnungen aufwächst, sodass kein Freiraum für die eigenständige Entfaltung seiner Gaben und Fähigkeiten bleibt, wird später als Erwachsener wenig selbstbewusst sein. Der Mangel an individuellen Entwicklungsmöglichkeiten im Kindesalter erzeugt das Gefühl, Anforderungen nicht gewachsen zu sein; der Betroffene leidet unter der ihm anerzogenen Ohnmacht, und das Bild, das er von sich hat, widert ihn an. Er wird danach trachten, seine Identität in einer stärkeren aufzulösen. Oder Zorn und Resignation angesichts der eigenen Bedeutungslosigkeit werden zur Triebfeder von Machtstreben. Der Machthungrige wird – als Ausweg aus der eigenen, verdrängten Problematik – versuchen, vielen, einigen oder wenigstens einem einzigen Menschen seinen Willen aufzuzwingen.

Dennoch nimmt die Neigung, sich unterzuordnen, oder die, andere zu bevormunden, selten krankhafte, neurotische Züge an. Eine Frau zum Beispiel, die sich unter dem Eindruck eigener Unzulänglichkeit einem Mann anpasst, wird ihr Verhalten kaum als Verleugnung ihres eigenen Wesens empfinden. Sie wird ihre Flucht, den Verzicht auf ihre Eigenständigkeit für normal halten, von der Natur und ihrem Geschlecht determiniert. Und der Mann wird sein autoritäres Verhalten unbedingt als liebevolle Fürsorge ansehen. Überhaupt gelten aus bürgerlicher, konventioneller Sicht Beziehungen, in denen die Macht ungleich verteilt ist, als ausgesprochen harmonisch. Die Leute halten dieses Spiel zwischen Herrscher und Beherrschtem sogar für Liebe. (Und manchmal versteckt sich die Liebe insgeheim auch in solch einer absurden Partnerschaft: Ein Tyrann mag seiner verschüchterten, gelegentlich aufbegehrenden Frau noch so oft sagen, sie möge sich zum Teufel scheren, wenn ihr seine Art, mit ihr umzugehen, nicht passe – sollte sie eines Tages aus Verzweiflung dieser »Aufforderung« wirklich nachkommen, wird er möglicherweise aus allen Wolken fallen. Er erkennt dann plötzlich, dass er sie wirklich liebt, er bemerkt seine monströse Abhängigkeit vom Opfer seiner Herrschsucht. Er wird betteln und flehen, Reue und Besserung geloben, damit sie wieder zurückkommt.)

Der Volksmund spricht von Liebe und meint Beziehung, Beieinandersein – und unausgesprochen Abhängigkeit. Aber dabei handelt es sich nicht um Liebe. Wenn Sie über einen nahestehenden Menschen eine Fülle von

Informationen besitzen, die Sie zum Teil durch Ihre Beobachtung, zum Teil aus seiner Selbstdarstellung gewonnen haben, wenn Ihnen sein Wesen bis zur letzten erkennbaren Regung vertraut scheint, Sie ihn auswendig zu kennen glauben, dann neigen Sie dazu, dieses Wissen für Liebe zu halten. Eine solche Art von Liebe ist aber auf den intellektuellen Vorgang reduziert, an ihr sind bestenfalls Reste verschütteter Gefühle beteiligt. Diese Liebe stellt die klare Bedingung, dass der andere wiederzulieben hat. Wir sind so unehrlich, wenn wir sagen: »Ich liebe dich«, denn wir fordern Zeichen der Zuneigung in gleicher Münze zurück und erwarten vom Objekt unserer Liebe, dass es unserer Vorstellung von ihm gerecht wird. Dies alles aber ist nicht Liebe.

Lieben können Sie ein Wesen nur dann, wenn Sie es verstehen! Und Verständnis erwächst nicht aus Ihrem Wissen über den anderen. Ihre Frau zu verstehen, Ihren Mann, den Freund, die Freundin, ist das Erlebnis eines einzigen Augenblicks, in dem Sie den geliebten Menschen wirklich *sehen.* An diesem Vorgang ist Ihr Intellekt nicht beteiligt, zum direkten Blick auf ihn benötigen Sie keine Hilfsmittel in Form von Erinnerungen und vorgefassten Meinungen, und Sie brauchen keine Bilder von ihm. Den anderen ohne Umweg so zu sehen, wie er ist, zu spüren, was er fühlt, stellt diesen innigen, unmittelbaren Kontakt her, aus dem die Liebe erwächst. Dann öffnet sich das Herz weit und umfängt den Partner, beide finden sich auf einer Welle des Glücks, die keinen äußeren Beweggrund braucht.

22. Kapitel

Keiner sitzt auf dem Deckel zum Unterbewussten

Für viele Ihrer Handlungen könnten Sie, danach befragt, das Motiv nicht nennen, weil es Ihnen gar nicht bewusst ist. Die Triebfedern unserer Lebensäußerungen sind vielfach unbewusst, unser Tun wird diktiert von längst vergessenen, verdrängten Erfahrungen. Sie tun sich schwer, Ihre Beweggründe aufzudecken, weil Ihnen zur Einordnung der geistigen Strömungen nur wenige Begriffe aus der Psychologie zur Verfügung stehen, die den Sachverhalt nur ungenau beschreiben. Gemeint sind die Begriffe »bewusst« und »unbewusst«. Die Psychotherapie sieht das Unbewusste als eine Abteilung in Ihrem Kopf, zu der Sie normalerweise keinen Zugang haben, über die Ihre wache Erinnerung nicht beliebig verfügen kann. Der Laie nennt das Unbewusste auch Unterbewusstsein, der Ausdruck meint nicht oder schwer zugängliche Fakten aus der Vergangenheit.

Das Wort »unbewusst« hat ein derart weites Bedeutungsfeld, dass es oft missverstanden wird. Ich will ein

Beispiel nennen: Sie sind mit dem Auto von Basel nach Hamburg unterwegs, eine gute Tagesreise auf der Autobahn. Weil Sie ausreichend Fahrpraxis besitzen, bedienen Sie das Auto weitgehend automatisch, auch Ihre Reaktionen auf das Verkehrsgeschehen erfolgen reflexartig. Bei der Ankunft nach Ihren Eindrücken befragt, können Sie sich vielleicht über die Witterungsverhältnisse äußern, den einen oder anderen schönen landschaftlichen Anblick – und ein paar kitzlige Situationen, in denen Sie durch das Fehlverhalten anderer motorisierter Zeitgenossen in Gefahr geraten sind. Der größte Teil Ihrer Erlebnisse während der vielstündigen Reise ist Ihnen nicht mehr in Erinnerung. Sie haben sie zwar im jeweiligen Augenblick wahrgenommen, schließlich waren alle Ihre Sinne auf das Verkehrsgeschehen gerichtet, und Sie haben weite Strecken Ihrer Fahrt zwar erlebt, aber sie sind nicht so weit in Ihr Bewusstsein eingedrungen, dass Sie sich später daran erinnern könnten. Hier zeigt sich bereits, wie sehr der Begriff »unbewusst« in die Irre führen kann. Als Gegensatz zu »bewusst« scheint das Wort automatisch den Bereich des Nicht-Wahrgenommenen, Nicht-Erinnerten zu umfassen. Wenn Sie aber im Freundeskreis berichten, Sie seien unbewusst von Basel nach Hamburg gereist, wird man Sie fragen, ob Sie mit der Bahn gefahren seien oder ob Sie einen Chauffeur hatten. Erklären Sie dann, Sie hätten selbst am Steuer gesessen, hält man Sie für leicht gestört. In den Köpfen Ihrer Zuhörer entsteht das Bild eines Irren, der nicht weiß, was er tut, und damit allgemeingefährlich ist.

Wer sich nicht selbst genau im Alltag beobachtet, kommt nicht hinter den Trick seines Geistes, mit dessen Hilfe er sich das Leben einigermaßen erträglich gestaltet. Säßen Sie hochkonzentriert hinter dem Steuer, hielte Ihr Nervensystem diesen Stress nicht einmal eine Stunde lang durch. Ich behaupte – Sie dürfen die Probe aufs Exempel machen –, dass Sie nach dreißig bis vierzig Minuten höchster Konzentration auf eine Tätigkeit, in der Sie Ihrem Intellekt keine Sekunde des Abschweifens gestatten, für den Rest des Tages völlig erschöpft wären. Das Gleiche gilt für alle Ihre Sinne. Ohne eine bestimmte Aufgabe und ohne Zielvorgabe operieren Ihre Sinne unbewusst. Sie brauchen nicht die Lenkung Ihres Geistes, nicht Ihre bewusste Unterstützung, um in Aktion zu bleiben. Der Versuch, sich Ihre Arbeit bewusst zu machen, endet kläglich, weil der Intellekt, das Denken, dieser Aufgabe nicht gewachsen ist. Beobachten Sie, wie schwer Sie sich tun, wenn Ihnen nur ein Bleistift zu Boden fällt und an eine Stelle außerhalb Ihrer Sichtweite rollt. Es kostet alle Anstrengung, ihn rasch wiederzufinden. Wenn Sie ohne Einsatz Ihres Denkens nur Ihre Sinne über die Szene streifen ließen, würden Sie den verlorenen Bleistift schnell und ohne Energieaufwand entdecken. Experimentieren Sie nun, wenn Sie mögen. Lassen Sie eine Nadel fallen, eine kleine Murmel oder einen anderen Gegenstand, und suchen Sie zuerst auf die übliche Art danach, indem Sie sich konzentrieren und Ihre Augen aufreißen, bis Ihnen die Tränen kommen. Beim zweiten Versuch gehen Sie gelöst an die Aufgabe heran, lassen

Sie die Blicke schweifen, wohin sie mögen – und Sie werden erfahren, wie schnell und lächerlich einfach Sie den Gegenstand zurückbekommen.

Ich will durch diese Beispiele zeigen, dass zahllose alltägliche Vorgänge und Verrichtungen einen wesentlichen Aspekt der »Unbewusstheit« ausmachen. An eine Tätigkeit, die Ihren Willen herausgefordert und Anstrengung bereitet hat, werden Sie sich noch lange erinnern, und Sie können sie sich beliebig oft ins Gedächtnis zurückrufen. Anders mit Handlungen, die Sie fast automatisch vollziehen. Sekunden später denken Sie bereits nicht mehr daran, Sie vergessen sie im Moment, da sie erledigt sind. Nur dort, wo der vom Denken ausgelöste Wille zur Leistung die Tat bestimmt, dringen die Informationen bis in das wache Bewusstsein vor. Es handelt sich hier um Lebensvorgänge, die nicht deshalb unbewusst bleiben, weil der Intellekt sie verdrängt, sondern weil von vornherein keine Aufzeichnung im Gehirn erfolgt. Es ist dies die absolute Weisheit zu leben, die Art zu sein, die die Chinesen des Tao einst meinten, wenn sie vom Nicht-Handeln sprachen, und die der Dichter HAN SHAN in diesen Zeilen ausdrückte

Mein Sinn, er gleicht dem Mond im Herbst,
der unbefleckt sich in smaragdnem Weiher spiegelt.

Der Mond hat nicht die Absicht, sich im Wasser zu spiegeln, er zieht unbeeinflusst seine Bahn; auch die Oberfläche des Weihers hat sich nicht um das Spiegelbild des Mondes bemüht, es ist einfach entstanden. Ein Geist, der beobachtend, aufmerksam, aber ohne bewusste Einflussnahme handelt, hinterlässt keine Spuren im Gehirn. Betrachten Sie Ihre Kindheitserinnerungen: Wohl gedenken Sie heute noch der Glanzlichter, der erregenden Erlebnisse; auch traurige Begebenheiten, Schmerz und Kummer sind Ihnen zum Teil erinnerlich. Weite Strecken der einst endlos scheinenden Kinderjahre sind jedoch nirgendwo aufgezeichnet – weil Sie sie damals unmittelbar erlebten. Das bewusst Erlebte, alle Ereignisse, mit denen sich Ihr Verstand auseinandergesetzt hat, schlägt sich als Aufzeichnung in Ihren Gehirnzellen nieder und liefert das Ausgangsmaterial für Ihre Ängste. Furcht entsteht immer aus der Erinnerung. Ohne die Aufzeichnungen Ihrer negativen Erfahrungen besäßen Sie die Fähigkeit zur Furcht nicht: Man kann sich nicht vor Dingen fürchten, die man nicht kennt. Anders ist es mit jenen traumatischen Erlebnissen, die zwar intensiv, schmerzhaft erlebt wurden und die das Gehirn zwangsläufig aufgezeichnet hat, die aber zu schwerwiegend sind, als dass sie vom wachen Bewusstsein neben seinen aktuellen Problemen noch zusätzlich bewältigt werden könnten.

Damit sind wir beim zweiten komplexen Aspekt der »Unbewusstheit« angelangt. Das menschliche Gehirn ist aufgrund von Erziehung und gesellschaftlichen Übereinkünften derart hochgradig konditioniert, dass es jede Erfahrung, die nicht mit den Gesetzen, der Ethik und den allgemeinen Lebensregeln dieser Gesellschaft konform geht, auf der Stelle verdrängt. Auch Wünsche und

Regungen, deren Erfüllung als unsittlich, als verwerflich gilt, hält der menschliche Geist unterhalb der Bewusstseinsschwelle – so, wenn zum Beispiel ein äußerer Reiz Sie erreicht und eine Reaktion in Ihnen auslöst; weil dieser Reiz jedoch Saiten in Ihnen erklingen lässt und Bereiche anspricht, denen Sie glauben ausweichen zu müssen, gelangt er erst gar nicht an die Oberfläche. Sie nehmen den ganzen Vorgang überhaupt nicht wahr. Nichtsdestoweniger bestimmen die unbewussten, traumatischen oder nonkonformen Inhalte Ihres Gedächtnisses wesentliche Entscheidungen. Sie folgen in Ihrem Handeln oft einem Impuls und fragen sich später, woher er gekommen sein mag, können nicht erklären, weshalb Sie diese Entscheidung getroffen haben. Vielfach schreiben Menschen ihre von unbekannten Traumata diktierten Handlungen einer Intuition zu, aber es handelt sich hier nicht um Inspiration, sondern eher um Signale von Zeitbomben, die im menschlichen Unbewussten ticken.

Es stellt sich die Frage, wie diesen Missständen wirkungsvoll zu begegnen ist. Der Gedanke, dass uns innere Kräfte antreiben, die wir in keiner Weise kontrollieren können, ist einigermaßen beunruhigend. Und dass diese verdrängten Triebkräfte durchaus real sind, dürfte inzwischen erwiesen sein. Sie können drei Jahre lang zu einem Therapeuten zur Analyse gehen und Hilfe suchen, die Sie voraussichtlich auch bekommen. Vorausgesetzt, Sie haben den ehrlichen Willen, sich vorbehaltlos zu öffnen und sich dem Schmerz und manchem Unvorhersehbaren zu stellen, das aus Ihnen hervortreten mag. Und vorausgesetzt, Sie finden einen vertrauenswürdigen Therapeuten – es muss leider gesagt werden, dass die diversen Schulen der Psychotherapie durchaus unterschiedlich wirksame Methoden vertreten. Dieser Weg ist mit weiteren Schwierigkeiten gepflastert: Falls Sie den rechten Analytiker entdeckt haben, bekommen Sie möglicherweise erst in drei Jahren einen Termin. Außerdem wird es nicht billig sein; die Krankenkasse wird schwerlich zahlen bei einem normalen, angepassten, kaum neurotischen Bürger. Oder Sie kaufen sich Werke von FREUD, JUNG, REICH, FROMM oder anderen Experten, lesen ALICE MILLER und erkennen immer deutlicher, wie unbewusst Ihr Unbewusstes ist und wie dringend Sie genauere Kenntnis über Ihr Archiv im Keller benötigten. Um mithilfe der Fachliteratur weiterzukommen, müssten Sie imstande sein, die Realität hinter den Texten zu sehen, das Gelesene als Spiegel zu benutzen, in den Sie ohne Gegenargumente hineinblicken.

Ihr Unbewusstes ist so unbewusst nicht, wie das gewöhnliche Volk meint. Auf diesem Bereich Ihres Gedächtnisses ist kein Deckel festgeschraubt, keine höhere Macht hält die Informationen unter Verschluss. In Ihren Träumen steigt Tag für Tag Unbewusstes empor und sucht sich Ihnen mitzuteilen.

Sie müssten das Problem erkennen: Weshalb verdrängt Ihr Geist manche Dinge, andere dagegen nicht? Der Verdrängungsmechanismus in Ihnen ist Teil des Selbsterhaltungstriebs. Sie neigen grundsätzlich dazu, den schmerzlichen Erfahrungen aus dem Wege zu gehen,

Sie schauen sich beständig nach möglichen Gefahren um, wie das Echolot eines Unterseebootes orten Ihre Gedanken das Umfeld und halten nach Untiefen Ausschau, an denen Sie scheitern oder sich verletzen könnten. Fast immer sind Sie fluchtbereit, um vor dem Leid davonlaufen zu können. Ihr Intellekt hat in Verkennung seiner Möglichkeiten nicht begriffen, dass er Konflikten nicht ausweichen kann, dass er den Schmerz nicht von der Psyche trennen kann, die ihn erfährt. Die Distanz zum Konflikt ist Illusion: Sie und der Schmerz sind eins. Solange Sie mit Ihrem Leben als Ganzem nicht harmonieren, werden negative, schmerzliche Erfahrungen Ihre ständigen Begleiter sein. Nur Ihr Denken ist uneinsichtig genug, nicht zu erkennen, dass überhaupt keine Chance zur Flucht existiert. Wie ein verwirrtes Tier im Glasbehälter drängt es stets zur gleichen Ecke, wiederholt seine nutzlosen Aktionen und leidet dabei weiter.

Stellen Sie sich der Erkenntnis, dass Ihr Geist sinnlose Kunststücke betreibt, dass die Schmerzen Sie dennoch nie verlassen, die Verwirrung, die ganzen Konflikte Ihres zersplitterten Lebens. Die Einsicht, dass Sie in einem Teufelskreis von Leiden und Fluchtversuch und neuen Leiden gefangen sind, kann Sie vom Zwang zur Flucht befreien. Sie begreifen dann, dass Sie selbst der Schmerz und das Leid sind; Sie vermögen sich mit diesen Gefühlen zu identifizieren und ihnen jenes hohe Maß an Aufmerksamkeit zu schenken, das allein sie auslöschen kann. Die tief in Ihrem Gedächtnis vergrabenen Erlebnisse, Erinnerungen, die damals schockartig das Sicherheitsgefüge Ihrer Psyche erschütterten, würden jederzeit hervortreten – statt im Unbewussten zu brodeln und unerkannt Ihre Entscheidungen mit zu beeinflussen –, wenn Sie nicht ständig auf der Flucht wären vor der Begegnung mit dem akuten Schmerz. Ihr Geist ist viel zu intensiv mit den Ausweichbewegungen vor dem Grauen des Alltags beschäftigt, als dass er sich auch noch alten Traumen stellen könnte: Dazu fehlen ihm die Energie und die Bereitschaft.

Der Weg zu Ihrem Unbewussten muss nicht unbedingt über die Warteliste eines guten Therapeuten führen (wenn nicht gerade eine Zwangsneurose oder Schlimmeres Sie heimsucht); er könnte mit dem Sichstellen, mit Ihrem Verzicht auf die Flucht beginnen, indem Sie sich zukünftig nicht länger vor den Unannehmlichkeiten drücken, sondern dem Leid, den Problemen in die grinsende Fratze blicken, bis sie zu lächeln beginnen.

Sie haben es selbst in der Hand, aus all den schmerzlichen Erfahrungen dennoch unbeschadet hervorzugehen; Ihr Geist verfügt über die nötigen Heilkräfte, die selbst mit leichteren Neurosen fertig werden und sie selbsttätig auskurieren – vorausgesetzt natürlich, Sie erkennen Ihre ständigen Fluchtbewegungen und geben sie auf.

Es gibt allerdings noch etwas, das den Deckel auf Ihrem Unbewussten festhält: Es sind Ihre Wertmaßstäbe, die herrschenden Konventionen. Ich erwähnte bereits, dass Ihr Selbsterhaltungstrieb auch diejenigen Lebensäußerungen und Gelüste ins Unbewusste verdrängt, die der Ethik der Gesellschaft widersprechen. Um in den schwer zugänglichen Erinnerungsbereich vorzudringen, müssten Sie Ihre Moral- und andere Wertvorstellungen revidieren. Man hat Ihnen schon als Kind eingeredet, der Mensch brauche Maßstäbe, wenn er im Leben zurechtkommen wolle; Sie wurden von Anfang an darauf trainiert, sich an bestimmten Vorgaben zu orientieren, Sie hatten keine Chance, sich einmal ohne alle Vergleiche direkt ein Urteil zu bilden.

Sie brauchen Parameter und Wertmaßstäbe ungefähr so nötig wie ein gebrochenes Bein. Da Sie sie aber internalisiert haben, sollten Sie sich ernsthaft mit ihnen auseinandersetzen. Es wäre zu einfach und würde nicht zum Erfolg führen, sie unbesehen und pauschal über Bord zu werfen. Wir kommen nicht umhin, uns wenigstens mit einigen wichtigen Messlatten unserer Gesellschaft zu befassen. Sobald Sie erkennen, wie sehr Sie manipuliert werden, wie fremdbestimmt Ihr Handeln ist, weil Ihr Unbewusstes auch Ihre Routinehandlungen beeinflusst, wird diese Erkenntnis Sie von der Diktatur dieser Triebkräfte befreien.

Der Psychoanalytiker Erich Fromm erläutert das Dilemma des Handelns in dem Buch *»Haben oder Sein«:* »Andererseits wurden die vom so genannten gesunden Menschenverstand geprägten Meinungen des normalen, das heißt gesellschaftlich angepassten Bürgers für rational und keiner tiefenpsychologischen Analyse bedürftig gehalten. Diese Annahme ist jedoch falsch. Unsere bewussten Motivationen, Ideen, Überzeugungen sind eine Mischung aus falschen Informationen, Vorurteilen, irrationalen Leidenschaften, Rationalisierungen und Voreingenommenheit, in der einige Brocken Wahrheit schwimmen, die uns die (freilich falsche) Gewissheit geben, dass die ganze Mischung real und wahr sei. Unser Denkprozess ist bestrebt, diesen ganzen Pfuhl voller Illusionen nach den Gesetzen der Logik und Plausibilität zu organisieren.«

Fassen wir gleich ein heißes Eisen an, einen Komplex, der für zahlreiche Verdrängungen verantwortlich ist: die Eltern-Kind-Beziehung. Mit dem Gebot »Du sollst Vater und Mutter ehren« ist uns allen eine schwere Last auferlegt. Diese Forderung hat – weit über ihren biblischen Kontext hinaus – das Bewusstsein der Menschen durchdrungen, sie bezeichnet einen der sittlichen Grundwerte auch unserer säkularen Kultur. Sie können sich nicht vorstellen, Ihre Eltern nicht zu mögen, auch wenn Sie manchmal das Gefühl haben, mit anderen Eltern wäre es Ihnen besser ergangen.

Aus Unkenntnis und weil sie es in ihrer Kindheit nicht anders erfahren haben, vollstrecken wohlmeinende Eltern zu allen Zeiten an ihren Kindern die Erziehung genannte Folter. Während der ersten Lebensmonate, ja, zumeist während der ersten Jahre – bis der stark beschäftigte Vater etwas mit den Kleinen anfangen kann – obliegt diese Last der Mutter. Infolgedessen ist sie es, die in erster Linie für die frühen Prägungen verantwortlich zeichnet. Ich unterstelle den wenigsten Müttern bösen Willen, wenn sie gleich nach der Geburt damit beginnen, die Psyche ihres Kindes zu beeinflussen, und zwar notwendigerweise entsprechend ihren eigenen Fähigkeiten und

Einsichten. Leider wird ein Mensch, der zeitlebens mit seinen eigenen Problemen kämpfte, durch die Vater- oder Mutterschaft nicht plötzlich zu einem besseren Wesen. Und viele sind unsicher unter der Last der neuen Verpflichtung. Folglich orientiert man sich – unbewusst – an der Erziehung, die man selbst genossen hat.

Die Idee, das Kind so rasch, so erfolgreich wie möglich zu erziehen, damit es gehorchen lernt, ruhig bleibt und die Mutter so wenig wie möglich daran hindert, ihren eigenen Interessen nachzugehen, ist absurd und wirkt verhängnisvoll. Der Säugling ist auf Gedeih und Verderb der Mutter ausgeliefert; Liebe, liebevolle Zuwendung ist für das Kleine lebensnotwendig. Und die Mutter weiß aus eigener, schmerzhafter Erfahrung, wie wirksam die Dosierung der Liebe ist, wie gut beim hilflosen Kind das Gewähren oder Versagen von Aufmerksamkeit als Lohn oder Strafe eingesetzt werden kann. Auf diese Weise wird das Kind sehr früh schon manipuliert; man raubt ihm so viele eigenständige Regungen wie möglich – und mit der Entfaltung des Denkvermögens, der Zunahme der Zellverbände im kleinen Gehirn wächst auch die Fähigkeit zum Hass heran. Ein Hass, der auf der Stelle verdrängt wird, der aber auf Lebenszeit fortwirkt, wenn er nicht eines Tages entdeckt und als Unding entlarvt wird. Dass ein Kind seine Mutter zu lieben habe, wird ihm fast jeden Tag eindringlich vorgehalten.

Das Dilemma des Kindes ist gewaltig. Es wird zu einem Gefühl gezwungen, das seinen Erfahrungen widerspricht. Wenn Eltern sich obendrein noch zu körperlichen Züchtigungen hinreißen lassen, ist die Chance endgültig vertan, dass das Kind echte Zuneigung für seine Eltern empfindet. Das Kind widerspricht nicht, weil es keine Wahl hat. Später redet sich der Heranwachsende ein, Vater und Mutter zu lieben, und er gibt sich Mühe, ihnen das auch zu zeigen – was auch bedeutet, dass er beide Augen vor deren unübersehbaren Schwächen und Charakterfehlern zudrückt.

Sie sollten – gleich, ob Sie gute oder schlechte Erinnerungen an Ihre Kindheit haben – unvoreingenommen diese beiden Menschen sehen, wie sie wirklich sind, und Ihren Eltern die Gefühle zeigen, die Sie empfinden – ohne Rücksicht auf die Dauer und Eigenart Ihrer »Bekanntschaft«. Solange Sie dazu nicht imstande sind, werden Sie Ihre im Unbewussten schlummernden Defekte nicht aufdecken können, unter denen Sie, ohne es zu wissen, leiden. Um Ihrer eigenen inneren Gesundung willen dürfen Sie Ihren Eltern keine Liebe heucheln, wenn Sie sie für unausstehlich halten. Stellen Sie sich der Wahrheit, sehen Sie die Realität, und leben Sie damit. Dann besteht die Möglichkeit, dass Ihre frühen Schmerzen plötzlich emporsteigen ans Licht wachen Bewusstseins.

Durch einen anderen billigen Trick werden Sie gleichermaßen manipuliert: »Grillchen, das den Sommer lang zirpt' und sang, litt, da nun der Winter droht, harte Zeit und bittre Not« – so beginnt die Fabel von der Grille und der Ameise. »Die Moral von der Geschicht', wer arbeitet, der hungert nicht« – so lautet die Quintessenz, das Loblied der Gesellschaft auf die Tugenden

Strebsamkeit und Fleiß. Die wache Aufmerksamkeit des Nicht-Handelnden gilt als Faulheit. Wer nicht erwartungsgemäß unermüdlich seine Pflicht erfüllt, muss sich schuldig fühlen. Auf Ihrer Werteskala ist kein Platz für Müßiggänger. Die Diskussion, ob der Mensch von Natur aus faul ist oder ob im Gegenteil unermüdliches Tätigsein seinem wahren Wesen entspricht, reißt nicht ab; Biologen stimmen für die Faulheit, Psychologen und die Lobby der an immer mehr Leistung interessierten Kreise der Gesellschaft dagegen.

Fleiß als Gott wohlgefällige Tugend zu verkaufen ist ein Trick, so alt wie die Zivilisation. Der Fehler liegt nicht beim Menschen, er liegt in der Fragestellung. Sie sind weder fleißig noch faul, Sie sind konditioniert; Ihre sichtbaren Lebensäußerungen stimmen selten mit Ihren tiefsten Bedürfnissen überein. Mit Beginn der Schulzeit wird Ihnen bereits eingetrichtert, welche Leistungen man von Ihnen erwartet. Pflichtbewusstsein wird Ihnen zur zweiten Natur. Der Homo sapiens, das höchstentwickelte Säugetier mit seinem vernetzten Denkapparat und den breitgefächerten geistigen und kulturellen Interessen, muss als eines der wenigen Lebewesen arbeiten und sich plagen – ein Paradox. Andere Säuger (ausgenommen die von uns beherrschten) führen ein Leben zwischen Ruhe und ungezwungener Bewegung, wobei die Phasen schläfriger Passivität überwiegen. Herumstreunen dient nicht ausschließlich der Nahrungssuche; Zeiten des In-den-Tag-hinein-Lebens und der gezielten Aktion wechseln ab. Eine Katze beim Sonnenbaden hat ob Ihres Faulenzertums kein schlechtes Gewissen, und wenn sie ihren heimlichen Pfaden folgt, ist sie keinem Arbeitgeber Rechenschaft schuldig.

Nur Sie können sich nicht von der Vorstellung einer Sie kontrollierenden Instanz trennen. Selbst im Urlaub fühlen Sie sich ständig irgendwie schuldig. Die Sorge, Lebenszeit zu verpassen, wenn Sie rasten, führt dazu, dass Sie Zeit herausschinden, mit der Sie, wenn sie Ihnen dann zur Verfügung steht, nichts Besseres anzufangen wissen, als sie totzuschlagen. Einem alt gewordenen Tier merken Sie gegenüber einem jüngeren keinen Unterschied an. Nur der Mensch altert früh; im letzten Lebensdrittel sind die wenigsten noch im Vollbesitz ihrer Leistungskraft. Der allgemeine Tatendrang in der Gesellschaft treibt Sie voran und raubt Ihnen die Gelassenheit des Tieres, dem Sie sich so überlegen fühlen. Diese Hektik prägt Ihren Geist, der ständig beschäftigt ist und zu ergründen sucht, was war, was wird, was sein könnte.

Sie müssen dieser krank machenden Aktivität abschwören und zu einer Sicht der Realität finden, in der Platz ist für Ihre natürlichen Bedürfnisse, zu denen unverzichtbar auch ausgedehnte Phasen des Sichtreibenlassens gehören. Damit dieser Freiraum sich öffnet, sollten Sie sich der stets verdrängten Wahrheit stellen, dass Sie finanziellen Zwängen unterliegen, dass Sie Schikanen erdulden müssen, um überleben zu können. Ich weiß, dieses Eingeständnis schmerzt, ich weiß, wie Sie verdrängen, verschweigen, worunter Sie leiden, und dass Sie lieber die kleinen Freuden und Erfolge Ihres Arbeitslebens hervorheben. Sie dürfen mit Ihrer Lage nicht zufrieden sein: Rebellieren Sie! Die Intelligenz Ihrer inneren Natur rührt keinen Finger für Sie, solange Sie vor sich selbst die Missstände beschönigen. Sie werden nicht in der Tretmühle oder im Notquartier bleiben, wenn Sie die Dinge ungeschönt sehen. Ihrem Einwand, was geschähe, wenn nun jedermann zu diesem unmittelbaren Blick fände, ist leicht begegnet: Aus der kollektiven Verneinung der maroden Zustände würde eine neue harmonische Ordnung hervorgehen, die dann nicht vom Denken, sondern von der Intelligenz des Tao errichtet würde.

Wie den Esel die vors Maul gehaltene Rübe lockt, so treibt den Menschen das Verlangen nach gesellschaftlich anerkannten Werten voran. Das Maß, mit dem Sie den Preis der Dinge messen, ist relativ. Ein Glas Wasser könnte Ihnen in der Wüste das Leben retten, und Sie würden Hab und Gut hingeben, um es zu erlangen. Stehen Sie dagegen vor einer Quelle, reicht das Wasser nicht aus, sich die Hände zu waschen, und Sie opfern keinen Euro dafür. Der persönliche Wert einer Sache ist augenblicksbezogen, und ein gesunder Geist begehrt Dinge nur, wenn er sie tatsächlich braucht. Wir stehen ohne vernünftigen Grund vor einem Überangebot an Tand und Glitzerkram. Ich will Ihnen im Folgenden zeigen, wie ausgeprägt unser Nachahmungstrieb ist, wenn es um den Besitz dieser »Güter« geht.

Sie belächeln alte Berichte über Naturvölker, die für eine Handvoll Glasperlen ihr Elfenbein hergaben. Der in Ihren Augen obskure Tausch war für den Eingeborenen eine Frage des Wertmaßstabs und seiner Bedürfnisse. (Heute freilich nicht mehr, wo Derartiges bei Woolworth in Nairobi billigst erworben werden kann.) Elfenbein hatte der Eingeborene reichlich, Talmischmuck dagegen war Mangelware; Ansehen im Stamm genoss daher, wer möglichst viele Glasmurmeln besaß, nicht der Eigentümer von Elfenbein.

Ein anderes Beispiel: Wenn die gnädige Frau abends in der Oper ihren Zweikaräter trägt, glitzert an ihrem Finger ein Stück Kohle, dem allein sein seltenes Vorkommen jenen Wert verleiht, der dem Herrn Gemahl das Jahreseinkommen eines Arbeiters aus der Brieftasche gelockt hat. Oder: Ein Stück bemalter Leinwand, einen halben Quadratmeter groß, das ein Mädchen mit Hut zeigt, ist unter Umständen für ein paar Euro zu haben, sofern es von einem »namenlosen« Künstler stammt; das gleiche Stück kann jedoch Millionen kosten, wenn es den Namenszug eines Picasso oder Renoir trägt.

»Kunst« leitet sich zwar von »Können« ab, aber Können an sich zählt bei den Leuten gar nichts. Hohe Preise erzielt der Prestigewert des Objekts, das, was den Neid der anderen erweckt. Die Ästhetik spielt bei alledem eine sehr untergeordnete Rolle. Unser Schönheitsempfinden ist ein Produkt der Manipulation, unser Geschmack richtet sich nach der öffentlichen Norm. Niemand findet einen Buckligen schön, weil es bei uns als Makel gilt, bucklig zu sein. Wenn aber alle bucklig zur Welt kämen, wäre der Ärmste mit dem geraden Rücken die Missgeburt, dem unser distanzierendes Mitleid gehörte. Er müsste sich den modischen Buckel kaufen, mühelos anschnallbar, das Produkt, das die Werbung »die Prothese für den überschlanken Herrn« nennen würde. Und die Dame mit einem Höcker wie ein Zebu würde man zur »Miss Universum« küren. Bemerken Sie, wie paradox unsere Ausrichtung an Idealen und Normen ist? Dabei wären Sie fähig, intuitiv die Schönheit zu erleben.

Wirkliche Schönheit kann nur unmittelbar wahrgenommen werden, als Erfahrung eines Augenblicks; sie kann niemals willkürlich festgesetzt werden. Sie begegnet Ihnen, wohin Sie gehen. Es muss nicht immer der spektakuläre Panoramasonnenuntergang im Breitwandformat sein – viel öfter und wahrhaftiger treffen Sie die Schönheit in den unscheinbaren Dingen an. Sie offenbart sich dem Aufmerksamen in der winzigen Blüte am Wegrand, die mühsam zu überleben sucht, oder in dem besonderen Ausdruck im Gesicht eines geliebten Menschen. Seien Sie nicht länger so töricht, Schönes um jeden Preis festhalten zu wollen. Der Moment seines Aufscheinens ist Ihnen nicht genug, Sie verlangen Dauer, wollen es bewahren. Und während Ihr Geist dem Vergangenen nachhängt und es zu halten versucht, entgeht ihm die Erfahrung neuer Schönheit.

Ihr Bewusstsein setzt sich aus verschiedenen Elementen zusammen, die ich zu skizzieren versucht habe. Ihr Lebensgefühl, Ihr Denken und Handeln basieren auf den von Ihrer inneren Zensur gebilligten und freigegebenen Erfahrungen der Vergangenheit. Was Sie für spontane Lebensäußerungen halten, sind in Wirklichkeit Reaktionen, die zum größten Teil mit den herrschenden Konventionen abgeglichen wurden. Die Tabus im sexuellen Bereich, je nach dem Zeitgeist mehr oder weniger stark beachtet, zeugen beispielsweise davon, wie sehr Sie manipuliert werden. Zwar verteufeln die Priester den Geschlechtsverkehr, der ohne ihren Segen stattfindet, genehmigen ihn aber, wenn Sie einen Trauschein in der Schublade haben. Staat und Kirche maßen sich hier eine Autorität an, die ihnen im intimsten menschlichen Bereich wahrlich nicht zusteht. Das andere Extrem stellt eine provozierende, hemmungslose Freizügigkeit dar, der Hang einer sich für aufgeklärt haltenden Gesellschaft, sich über Tabus hinwegzusetzen – Ähnliches gab es bereits im Mittelalter. Die programmatische Verkündung der neuen Freiheit zwingt den Einzelnen beinahe dazu, sexuell sehr aktiv zu sein, weil er sonst nicht in seine Zeit passt. Weil aber leider zur gleichen Zeit nicht auch alle frühen sexuellen Verdrängungen ausgeräumt sind, weil die traumatischen Folgen zum Beispiel einer lange andauernden Mutterbindung nicht bewältigt sind, gelingt es vielen Menschen selbst innerhalb einer monogamen Liebesbeziehung nicht, der allgemeinen Forderung nach einem ausgedehnten Sexualleben gerecht zu werden. Man vergisst zu leicht, dass der Organismus hier ein gewichtiges Wort mitzureden hat.

Sexualität als Ausdruck der Lebensfreude ist unbedingt zu bejahen, gleich, was Moralisten dazu zu sagen haben (die Kirche ist schließlich mit ihrem Marienkult nur darum so unglaubwürdig geworden, weil sie zum

Zeugungsakt keine natürliche Beziehung findet). Wer sich auch in Bezug auf seine Sexualität vollkommen nach seinen natürlichen Bedürfnissen richtet und sie nicht mit dem Verstand zu regeln versucht, kann nicht versagen oder enttäuscht werden. Es kann höchstens passieren, dass er sich von einem Partner trennen muss, dessen Bedürfnisse anders gelagert sind.

Es gilt, Ihre Wertmaßstäbe und die Konventionen der Gesellschaft zu durchschauen und sie gegebenenfalls abzulehnen. Dies ist kein Aufruf zur Anarchie, zu nackter Gewalt. Was ich meine, ist Folgendes: Die Konditionen, unter denen Sie leben, an denen sich Ihr Geschmack, Ihre kulturellen Bedürfnisse und weite Bereiche Ihres Privatlebens orientieren, verdanken ihre Entstehung bestimmten Machtstrukturen. Die »organisierte Gewalt« drückt sich in einer Unsumme von Verordnungen und Gesetzen aus; Ihre Existenz unterliegt einer solchen Vielzahl von Bestimmungen und Regeln, dass Sie sich kaum noch rühren könnten, wären sie Ihnen alle bekannt.

Sie sollten sich endlich Ihrer Macht als Verbraucher bewusst werden, sollten bedenken, dass Sie bei Wahlen eine Stimme haben und immer die Möglichkeit, sich beim Tanz ums Goldene Kalb herauszuhalten. Die Machtvollkommenheit der großen Organisationen basiert ausschließlich auf dem Gehorsam der Untertanen. Wohl hat man Sie zum Untertanen erzogen, aber Sie müssen es nicht lebenslang bleiben.

Setzen Sie sich zur Wehr. Verweigern Sie sich der Zeitströmung, werden Sie zum Außenseiter. Lesen Sie nicht mehr, was man Ihnen als Bestseller verkauft, lesen Sie, was Sie gern lesen möchten, wirklich gern, nicht weil Sie meinen, Sie hätten es gern. Essen Sie nicht, was die Welt Ihnen als köstlich anpreist; wenn Sie Champagner der teuersten Marke als sauer empfinden und Kaviar Sie stört, weil er nach Fisch riecht – verweigern Sie sich entschieden. Und wenn bei Wahlen keiner der Kandidaten die Qualitäten aufweist, die Sie von dem Mann Ihrer Wahl erwarten, dann wählen Sie nicht das kleinere von mehreren Übeln, sondern versagen Sie den Politikern Ihre Stimme.

Leider herrschen in unserer Welt korrupte Leute und Ellenbogenmenschen, und es gelangt nicht der Weise an die Spitze eines Volkes, sondern der Gerissene, der Raffinierte. Der Humane bleibt auf der Strecke – der Gewissenlose, der Lügner schafft den Weg nach oben. Er kennt keine Skrupel, Sie anzulügen, nur damit Sie ihn wählen; er macht sich keine Gedanken darüber, wie er sein Versprechen einhalten soll, weil er erst gar nicht erwägt, sein Wort zu halten. Er verlässt sich auf Ihre Labilität, Ihre mangelnde Konsequenz und Vergesslichkeit; er baut auf Ihre Gleichgültigkeit seinen Machenschaften gegenüber. Er glaubt, damit durchzukommen, und der Erfolg gibt ihm Recht. Außerdem kann er sich auf den schlechten Ruf der Berufsgruppe der Politiker verlassen; er genießt Narrenfreiheit: »Es ist halt ein Politiker«, resignieren die Leute und meinen: »Der lügt sowieso.« Sie dulden ihn und lassen sich am Ende vollkommen gängeln.

All diese Phänomene gilt es zu durchschauen. Nicht, dass Sie sich nun zu einer anderen Version des Handelns zwingen sollten. Damit hätten Sie den Teufel mit dem Beelzebub ausgetrieben. Verneinen Sie alle von der Gesellschaft vorgegebenen Wertmaßstäbe, und lassen Sie die Dinge ungefiltert auf sich einwirken. Werden Sie neutral, überlassen Sie sich diesem unwillkürlichen Strom, auf dem Sie auch gegebenenfalls mit dem Auto von Basel nach Hamburg fahren können.

Dieser Aspekt des Unbewussten trägt das falsche Etikett: Es handelt sich um eine Art zu leben, bei der Sie auf große Anstrengung, auf ständige Konzentration und Analyse verzichten. Sie werden nicht von bestimmten Motiven angetrieben, Sie schwimmen mit dem Fluss der Ereignisse. Bei einer solchen Haltung, befreit von den Zwängen, Einschränkungen, Regeln und Tabus der Gesellschaft, kann Ihr Unbewusstes weit die Pforten öffnen und alles Zurückgehaltene hervorströmen lassen. Ihre gesamte Energie fließt in den unverstellten Blick auf die Wirklichkeit, und Sie können sich dem Schmerz von einst, den vielen Wunden Ihrer Psyche stellen, ohne davonzulaufen. Auf diese Weise befreien Sie sich von den Triebkräften, die Ihr Handeln bisher bestimmten; in Zukunft wird Ihr Leben nicht mehr fremdbestimmt sein.

Einzig auf dieser Grundlage, ohne all die behelfsmäßigen Krücken, können Sie Ihre eigene Realität sehen, wie sie wirklich ist. Dann arbeitet Ihr Gehirn mit voller Kraft: Das ist das Walten der Intelligenz.

23. Kapitel

Sinn und Unsinn der Meditation

An anderer Stelle habe ich bereits darauf hingewiesen, wie unsinnig die Meditation ist, von der sich jemand die Belohnung durch eine höhere Macht erhofft, wenn er nur lange genug still sitzt. Diese Art Meditation hilft etwa so viel, als beteten Sie zwanzig Rosenkränze oder vertrauten Ihre Sehnsüchte einer endlos klappernden Gebetsmühle an. Der Lotussitz hat, in seiner klassischen Form praktiziert, durchaus therapeutische Wirkung. Doch diese bezieht sich ausschließlich auf den physischen Organismus. Die Anspannung der Beinmuskulatur und der zeitweilige, partielle Verschluss der Blutgefäße bewirkt anschließend eine bessere Durchblutung der Beine und Beckengegend. Insofern ist gegen zeitweiliges Sitzen nichts einzuwenden. Der psychische Effekt kann in der Abkehr von der Betriebsamkeit des Alltags bestehen, im Ausspannen von der Unrast des Berufs oder der anstrengenden Freizeitbeschäftigung. So weit, so gut. Meditatives Sitzen ist unter diesen Aspekten durchaus nützlich.

Wenn Sie freilich erwarten, erleuchtet zu werden – was immer das bedeuten mag –, hoffen Sie vergeblich. Dann sind meditative Übungen höchstens ein Mittel, das Ihnen nach einiger Zeit die Nutzlosigkeit Ihrer Bemühungen vor Augen führt. Wenn Sie meditieren, um ein anderer, besserer, weiserer Mensch zu werden, haben Sie auf das falsche Pferd gesetzt. Sie unternehmen einen weiteren Psychotrip, sind ein weiteres Mal von anderen Leuten an der Nase herumgeführt worden. Wer Ihnen weismacht, Sie könnten durch die Meditation jene Wunder vollbringen, die Ihnen diese Heiligen aus eigenen Gnaden vorgaukeln, ist ein Betrüger. Er wirtschaftet entweder in die eigene Tasche oder braucht Sie als Nachfolger, um sein übermächtiges »spirituelles« Ego zu befriedigen, seine verdrängten oder offensichtlichen Machtgelüste. Auf diese Weise ist noch niemand von seinen Problemen befreit worden. Der einzig denkbare Effekt ist der der Flucht vor der eigenen Unvollkommenheit, der Flucht in die Illusion eines psychischen Zustands aus zweiter Hand. Und wenn Sie in dieser Falle sitzen, müssen Sie äußerst wachsam sein, damit die Wirklichkeit nicht in Ihr Bewusstsein dringt, denn so weit drinnen im neu gelegten Minenfeld ist es schwer, eine Niederlage zuzugeben.

Dennoch gibt es eine Art der Meditation, die hilfreich ist. Allerdings existieren hier keine Regeln für die Körperhaltung, den Ort, die Zeit oder mögliche Wiederholungen. Sie ist eigentlich keine Übung – sie ist eher ein Geisteszustand. Sie können diesen Zustand überall herstellen, zu jeder Tages- oder Nachtzeit, sitzend, gehend, laufend, liegend – wie es Ihnen genehm ist. Diese Geisteshaltung verlangt keine bestimmte Dauer. Sie können sie erleben, sooft es Sie danach verlangt, Sie können dabei auch ruhen, wie eine Katze vielleicht, die sich ohne besonderen Anlass irgendwo niederlässt und still verharrt, solange sie sich dabei wohlfühlt.

Diese Meditation dürfen Sie nicht suchen, um etwas Bestimmtes zu erreichen. Es muss Ihnen von vornherein vollkommen klar sein, dass Meditation kein Mittel ist, mit dem man Punkte gewinnt. Sie sollen meditieren aus Freude an dem Blick auf Sie selbst und auf Ihr Leben. Nichts weiter. Ohne Motiv, ohne Erfolgsstreben blicken Sie still in sich hinein und betrachten kommentarlos, was dort existiert. Sie müssen Ihr Leben dahingeben, wenn Sie richtig meditieren wollen; in dem Moment, in dem Sie sich so intensiv wahrnehmen, sollten Sie sich ähnlich fühlen wie ein Selbstmörder, der mit der Welt abgeschlossen hat und die kurze Spanne bis zur Tat illusionslos seinen Zustand anschaut. Nichts ist mehr wichtig, nur dieser Blick auf sich selbst. Und indem Sie Ihrer eigenen Bedeutungslosigkeit und Armseligkeit gewahr werden, kann Ihnen aus Ihrem Unbewussten die Energie zuwachsen, die imstande ist, diesen Zustand in einem selbstreinigenden Prozess zu verändern. Und zwar nicht auf die übliche Weise, indem Sie das alte Bild von sich durch neue Illusionen ersetzen: Was Sie nach einer wirklichen Meditation erkennen, ist Ihre tatsächliche Verfassung, die sich von allein, wie durch Zauberhand zu wandeln beginnt, wenn Sie selbst nichts dazu unternehmen.

24. Kapitel

Konfrontation mit der Leere

Wir müssen uns mit einer Eigenart der menschlichen Psyche befassen, die sehr viel Unsicherheit verursacht und noch mehr Fluchtreflexe auslöst. Es ist die relative Armut, die Leere Ihres Innenlebens. Gestatten Sie mir, Sie zu einer weiteren Übung einzuladen, die Ihnen helfen soll, sich noch besser kennenzulernen. Setzen Sie sich irgendwo hin, drinnen oder draußen, wo Sie einigermaßen ungestört sind – und tun Sie nichts weiter. Unternehmen Sie nichts zu Ihrer Unterhaltung; lesen Sie nicht, rauchen Sie nicht, trinken und essen Sie nichts, lassen Sie die Hände untätig sein und Ihre Gedanken schweifen, ohne sie auf ein bestimmtes Thema zu konzentrieren. Betrachten Sie, was um Sie herum vorgeht, warten Sie ab, was dann ziemlich bald geschieht: Es wird nicht lange dauern, bis Sie sich unbehaglich zu fühlen beginnen. Wer sehr hektisch lebt, ständig von etwas getrieben ist, spürt schon eher, was dem passiver, verhaltener Lebenden ein wenig später widerfährt. Sie fühlen, wie ein großes Unbehagen Sie überkommt, ein übermächtiges Gefühl der Einsamkeit Sie einhüllt. Sie spüren sich selbst nicht mehr und haben den Eindruck, allmählich in den leeren Raum zu entschweben. In Ihnen breitet sich Leere aus. Sie fürchten, die Orientierung zu verlieren, und wahrscheinlich können Sie beobachten, wie Ihr Denken jetzt krampfhafte Versuche unternimmt, sich in der ungemütlichen Situation neu zu orientieren.

Die wenigsten Menschen halten diese totale Passivität lange aus. Nach und nach wird der Wunsch übermächtig, etwas zu unternehmen. Es drängt Sie zu Taten, hin zu den gewohnten ablenkenden Unternehmungen. Sie begegnen durch diese Übung erstmals in Ihrem Leben bewusst Ihrer eigenen inneren Leere, dem Nichts in Ihnen, das Sie im Alltag beständig im Untergrund spüren und dessen Existenz Sie jedes Mal sofort verdrängen. Diese Leere, Freunde, ist keine vorübergehende Erscheinung aufgrund momentaner Untätigkeit – sie ist tatsächlich vorhanden, sie ist Realität. Darum macht sie sich so lautstark bemerkbar, sobald Sie eine Verschnaufpause einlegen, sich zu entspannen oder Ihr Innenleben zu erforschen versuchen.

Sie können sich niedersetzen, die Beine übereinanderschlagen, die Hände auf die Knie legen – die klassische Meditationshaltung – und versuchen, Ihren Geist zur Ruhe zu bringen. Dieser Meditationsansatz ist nichts anderes, als ich Ihnen für unsere Übung vorschlug: stillhalten und beobachten, was in Ihnen geschieht. Je nachdem, welche Meditationstechnik Sie gelernt haben, werden Sie nun Maßnahmen ergreifen, damit Ruhe und Stille in

Ihrem chaotischen Kopf einkehren. Sie können die magische Silbe »Om« vor sich hinmurmeln, bis Ihr Verstand sich selbst einschläfert, oder ein Mantra, ein Wort sprechen, das Ihnen ein Guru umsonst oder für viel Geld gegeben hat, oder Sie können sich, wie im Zen, mit einem Koan beschäftigen, einem Rätsel, das Ihr Intellekt nie lösen wird – in jedem Fall bedienen Sie sich irgendwelcher Tricks oder Methoden, um Ihren unverdrossen weiterarbeitenden Denkmechanismus zu drosseln.

Ihr Vorhaben ist äußerst schwierig, weil Sie gleichzeitig in zwei verschiedene Richtungen streben. Ihr Verstand möchte endlich Ruhe im Innenleben herstellen, zur Besinnung kommen, zu sich selbst finden und nach Möglichkeit Ihre Tiefen ausloten, um dort dem zu begegnen, das wiederzufinden, was weniger vergänglich ist als Ihre Tage, Ihre Lebensspanne. Die andere Lobby in Ihnen wird von der Angst bestimmt, von der Ahnung, dass dort drinnen, wo Sie etwas Unvergängliches zu finden hoffen, eine Leere gähnt, die Sie aufs Äußerste erschreckt. Eine Leere, ein Vakuum, dessen fundamentale Aussage Sie niemals akzeptieren zu können glauben, denn es würde bedeuten, dass Sie als die Person, die Sie in sich sehen, gar nicht existieren, dass in der Tiefe Ihres Bewusstseins, wo Sie Ihre unsterbliche Seele vermuten, nichts weiter ist als – nichts! Und in der Kontroverse zwischen Ihrer Vernunft und den unterschwelligen Ängsten gewinnt die Seite der Furcht. Damit sind die Weichen für die Flucht gestellt, der sich mühende Geist verliert im Versuch, Ruhe herzustellen, Gelassenheit zu finden; das Bestreben, sich abzusichern, die Leere mit Bewusstsein, Existenzgefühl zu füllen, ist übermächtig.

Das Undenkbare, das für uns konditionierte, rechtschaffene, gläubige Zeitgenossen Unaussprechliche ist Realität: Hinter all dem Lärm, den unser Denken pausenlos erzeugt, damit wir nicht mit unserer eigenen Hohlheit konfrontiert werden, damit das Denken selbst sich nicht diesen Fakten stellen muss, für die es keine Antworten kennt – hinter all dem existiert nichts als Leere. Sie können der Erkenntnis ausweichen, solange Sie leben; der Umstand, wie wenige Menschen seit Urzeiten um die eigene Leere gewusst und sie verstanden haben, beweist eindeutig, dass die Flucht gelingt. Freilich um den Preis permanenter Anstrengung, einem Phänomen zu entkommen, dem in Wahrheit nicht zu entkommen ist.

Und nun stelle ich die Frage: Was wäre so schlimm daran, wenn wirklich tief drinnen, dort, wo Sie den Sitz Ihrer Persönlichkeit zu fühlen meinen, ein großes, endlos tiefes Loch gähnte? Setzen Sie einmal vertrauensvoll voraus, es wäre so: Das impliziert doch, dass Sie seit Ihrer Geburt mit diesem Vakuum leben, ohne dass Sie das am Heranwachsen, Lernen, Arbeiten, überhaupt am Leben gehindert hätte. Wir alle erfuhren in der Kindheit diese Gehirnwäsche, wir hörten, dass wir isolierte Wesen seien, abgetrennt von den Vorgängen des Lebens, abgetrennt von den übrigen Erscheinungen unserer Welt. Wir erlitten die Dinge mehr, als dass wir sie erlebten; wir sammelten Erfahrungen, die allesamt unter den Prämissen dieser frühen Informationen zustande kamen. Ihr

Denken überspielte von Anfang an die Tatsache, dass Sie eins sind mit allen Phänomenen Ihres Wahrnehmungsbereichs, und es überspielt die Leere in Ihnen, die in Wirklichkeit ein hochkarätiger schöpferischer Freiraum ist, und erfüllt sie mit den Illusionen Ihrer umtriebigen individuellen Persönlichkeit. Tragischerweise isolieren Sie sich damit selbst vom Energiepotenzial in Ihrem Inneren. Wir alle können uns nur als vom Geschehen getrennt existierende Wesen fühlen, Wesen, die den Ereignissen mehr oder weniger wehrlos ausgeliefert sind, statt sie mitzugestalten. Stets sehen Sie sich als Individuum, dem die Natur, das Zeitgeschehen wenn nicht feindselig, so doch zumindest äußerst gleichgültig gegenüberstehen. Hier liegt eine der großen Fehlinterpretationen Ihrer selbst. Aus diesem Nichts in Ihnen gehen alle Erscheinungen hervor, die Ihre Sinne erfassen. Ihre Sinnestätigkeit unterliegt nicht dem Willen, Sie haben keinen Einfluss darauf; dennoch sind Sie es, der ausnahmslos alle wahrnehmbaren Erscheinungen aus sich heraus gebiert. Diese Aussage steht in so krassem Gegensatz zu all dem, was Sie gelernt haben, insbesondere zu den Lehren vieler Religionen, die, statt die Realität zu sehen, die Verantwortung einem erfundenen Schöpfer in die Schuhe schieben, dass Sie es einfach nicht glauben können. Und glauben sollen Sie es auch nicht. Zweifeln Sie lieber, aber vertrauen Sie Ihren eigenen, unvoreingenommenen, unbeeinflussten Empfindungen. Wäre Ihr Kopf nicht ständig mit allerlei Ideen angefüllt, würden Sie auch Ihre Gefühle nicht falsch interpretieren – Sie wären durchaus imstande, die Wahrheit über sich selbst zu finden.

Es existiert eine ungewöhnliche Alternative zur Leere: *alles.* Die Kernphysik weiß seit sieben Jahrzehnten, dass es auf der subatomaren Ebene, der Ebene kleinster Materieteilchen, die eigenständige Realität von Gegenständen und Objekten nicht gibt. Auf dieser Ebene stellt sich die Welt als ein einziger Organismus dar – ein Organismus, der nur unter der Bedingung existiert, dass ihn jemand beobachtet. Ohne Sie, den Beobachter, gibt es Ihr Umfeld nicht. Der Bischof von Berkeley soll den Satz geprägt haben: »Der Baum, der ungehört fällt, verursacht kein Geräusch.« Was besagen soll, dass ein Geräusch nur dann entsteht, wenn jemand anwesend ist, es zu hören.

Wenn Sie das alles sind, was Sie täglich erleben, erfahren, sehen und spüren, dann wäre eine individuelle Psyche ein Unding, ein Störfaktor, genau betrachtet sogar ein Fremdkörper. Unsere Sprache dokumentiert in fast allen Formulierungen die Trennung von Subjekt und Objekt, die Distanz zwischen Ihnen und den Dingen. Das ist nicht verwunderlich, wenn man bedenkt, dass die Sprache über Jahrtausende von Menschen entwickelt wurde, die mit den gleichen Fehlinformationen lebten wie wir. Von Generation zu Generation vererbten sich die Begriffe, wurden die Lehren vom Menschen und seiner Rolle in der Schöpfung weitergereicht an die Nachkommen, die sie an ihre Kinder weitergaben. Märchen, Sagen, Legenden, Götterglaube und Riten überlebten die Zeiten, wandelten ihre Gestalt, aber sie transportierten den fundamentalen Irrtum weiter: Sie verkündeten die Getrenntheit der Dinge voneinander. Versuchen Sie zu begreifen: Ihre innere Leere ist real; vom Denken und Ihren Erinnerungen gesetzt ist hingegen die Idee von Ihrer dem Ganzen fremd gegenüberstehenden Individualität.

Hinter Ihrem ureigenen Freiraum gibt es nur noch den Urgrund, das Tao (oder wie Sie es nennen mögen; Worte vermögen ohnedies nicht, das Unendliche zu beschreiben). Und es besteht absolut keine Grenze zwischen dem Grund der Dinge und Ihnen selbst. Allein Ihr Intellekt setzt die Grenzpfähle, die zugleich Ihr Gefängnis markieren. Es sind das Wissen, das Sie sich angesammelt haben, die daraus resultierenden Meinungen, Ihre Lebensauffassung, Ihr Lebensfrust, Ihr Glaube, Ihre Schlussfolgerungen und Vorurteile – sie alle schaffen die Kluft zwischen Ihnen und Ihrer eigenen, unendlichen Tiefe.

Sie haben die vorhergehenden Seiten gelesen, und Ihre Gefühle schwanken zwischen Verwirrung, Ablehnung, Protest und dem Wunsch, das Gesagte besser verstehen zu können. Oder Sie schreien innerlich: »Was schreiben Sie für einen Unsinn, ich bin doch ein eigenständiges Wesen, besitze eine Persönlichkeit, die leidet, hofft und strebt; ich habe einen eigenen Willen, den ich benutzen kann, ich kann jetzt mit dem Kopf gegen die Wand rennen und spüre, wie weh das tut; und wenn ich eine Gehirnerschütterung davontrage, wie soll das durchgerüttelte Organ das alles bewirken, über das Sie faseln?« Sie haben recht, Sie sind Ihr Körper, Ihr Kopf, und Sie sind frei, jede sinnlose Tat zu tun. Aber Sie sind auch die Wand, an die Ihr Kopf stößt, der Boden, auf dem die Füße stehen, während Sie Ihren Kopf malträtieren, und Sie sind die Welt, die Ihr erschüttertes Gehirn wahrnimmt; Sie sind Ihr Zustand, so wie Sie ihn, leicht geschädigt, registrieren. Dies sind die Tatsachen.

Sie können mich an dieser Stelle auf die Probe stellen: Erinnern Sie sich an sich selbst, an beliebige, zurückliegende Abschnitte Ihres Lebens. Versuchen Sie, sich als Wesen zu sehen, das isoliert ist von jedem Ereignis, jedem Umfeld, als Wesen, das für sich allein steht, als hätte ein geschickter Retuscheur Ihr Porträt aus einem Gruppenfoto herausgelöst, indem er die anderen Figuren des Bildes abdeckte. Probieren Sie aus, ob es Ihnen gelingt, sich getrennt von der Szene zu sehen, an die Sie sich erinnern. Falls Sie keine außergewöhnliche Geistesakrobatik betreiben, nur um mir zu beweisen, dass ich mich irre, wird es Ihnen nicht gelingen, sich aus dem Geschehen herauszulösen. Noch merkwürdiger wird das Ganze, wenn Sie bei genauerem Hinsehen feststellen, dass Sie selbst in den meisten Fällen gar nicht auf dem Bild zu sehen sind. Sie erinnern sich zwar des Ereignisses, haben die Momentaufnahme im Gedächtnis bewahrt, aber sich selbst finden Sie sowenig auf den Bildern wieder, wie Sie als Akteur auf der Kinoleinwand zu sehen sind, obwohl Sie den Film so hingerissen miterleben.

Diese Art Ihrer Erinnerung an die Vergangenheit bestätigt die Aussagen der alten Taoisten, sie wussten vor langer Zeit bereits um die Verbundenheit von Mensch, Umwelt und Ereignis. Sie halten sich für den Stecken im

Strom, ungefragt hineingeworfen ins reißende Wasser, umhergewirbelt, hierhin, dorthin getrieben, und Sie glauben zu wissen, dass der Strom irgendwann in der Zukunft hinunterstürzen wird in die endlos tiefe Schlucht des Todes. In Wahrheit sind Sie jedoch selbst der Strom, Sie und das ewig fließende Tao sind ein und dasselbe.

Mit der Übung zur inneren Leere – falls Sie sie durchgeführt haben – konnten Sie bereits den Grund Ihrer Existenz berühren. Dass Sie nichts außer Unsicherheit und Unbehagen gespürt haben, darf Sie nicht schrecken. Wir bewältigen unser Leben mithilfe eines einzigen geistigen Werkzeugs, des Intellekts. Es gehört zu seinen Eigenheiten, dass er nur Vorgänge und Erscheinungen als vorhanden registriert, die sich von Ihrer Umgebung unterscheiden, die im Kontrast zu ihr stehen. Auch Bewegung, die sich entweder zu langsam oder zu schnell vollzieht, entgeht dem Verstand. Nehmen Sie als Beispiel die Erdrotation: Wir bewegen uns ununterbrochen mit mehr als Schallgeschwindigkeit in Richtung Osten, aber Sie sehen nur, wie die Sonne dort aufgeht, allmählich den Zenit erreicht und gegen Abend im Westen hinter dem Horizont versinkt. Sogar die Sprache täuscht Sie, wenn Sie sagen, dass die Sonne auf- oder untergeht. In Wahrheit bewegt sich unser Globus um die eigene Achse; so entsteht die Illusion der Sonnenbewegung.

Das ewig Unbewegte kann Ihr Verstand nicht fassen, und ebenso wenig sind Sie imstande, etwas wirklich Neues zu erkennen. Ihre Sinne sind seit jeher darauf ausgerichtet, das Bekannte, Vertraute wiederzuerkennen.

Das vermittelt Ihnen das Gefühl der Sicherheit, der Beständigkeit Ihrer Existenz. Ihr Gehirn ist so konditioniert, dass es unbekannte Phänomene übersieht, selbst wenn die Sinne sie registrieren. Nehmen Sie noch die notorische Unaufmerksamkeit gegenüber den alltäglichen Vorgängen hinzu, so ergibt sich das Bild eines Wesens, das nur Bruchteile seines Lebens bewusst erfährt.

Böte ich Ihnen keine Alternative an, so wären meine Ausführungen nichts als ein Abgesang auf ein befriedigendes Leben im Einklang mit sich selbst; ich würde Ihnen jede Hoffnung rauben. Doch dem ist nicht so. Der Mensch, Sie eingeschlossen, besitzt außer dem Intellekt noch andere geistige Werkzeuge. Allerdings liegen sie lange schon brach. In der Kindheit mögen sie sich zuweilen geäußert haben, mögen Sie eine Gefühlswelt erlebt haben, welche Ihnen Ihre erwachsenen Bezugspersonen, in erster Linie die Eltern, bei jeder Gelegenheit gründlich auszureden, auszutreiben versuchten – handelte es sich doch um kindliche Lebensäußerungen, denen man von vornherein streng begegnen musste, weil die Gefahr bestand, dass sie erstarken und den kleinen Menschen in seiner Entwicklung hemmen würden. Alle vitalen kindlichen Kräfte, die sich abseits der intellektuellen Entwicklung bemerkbar machten, wurden abgelehnt – und werden es bis zur Stunde in den allermeisten Elternhäusern immer noch.

Die Tatsache, dass man Ihnen gewaltsam jegliche Begabung austrieb, die über das Denken hinausging, konnte aber nicht über ihre Existenz hinwegtäuschen. Sie ruht in Ihnen, ungenutzt, unterdrückt, unerkannt. Und Sie haben gelernt, dass Sie nichts dergleichen besitzen – oder Sie glaubten Lehrern, geistigen Führern, Gurus, die behaupteten, sie allein könnten Ihnen das Verschollene wiedergeben, sofern Sie ihren Regeln folgten. Dies alles sind Lügen, Verzerrungen der Wahrheit. Misstrauen Sie auch denen, die Ihnen das Glück versprechen, wenn Sie nur intensiv genug und sehr gläubig sich das ideale Leben vor Augen halten. Wer es ausprobiert hat, weiß, wie wenig positive Gedanken allein ihm aus der Patsche helfen. Der einzige Effekt sind Phasen größerer Hoffnung, sodass der Betroffene dank seiner Illusionen den Druck der Wirklichkeit nicht mehr so schmerzhaft spürt. Wenn Sie diesen Weg gehen, flüchten Sie; Sie entfernen sich von der Misere Ihres Daseins und verschreiben sich einer Illusion. Erkennen und akzeptieren Sie: Wenn bei einer derartig angestrengten Geistesarbeit nach der Anleitung der genannten »falschen Propheten« tatsächlich ein Resultat erzielt wird – dann wäre dies unbedingt auch ohne Ihre geistigen Verrenkungen geschehen. Es besteht kein Grund, den Erfolg diesen Leuten und ihrer Lehre gutzuschreiben.

Sie können sich immer selbst helfen, Sie besitzen alle erforderlichen Fähigkeiten. Und Sie benötigen keinen Glauben dafür. Überhaupt sollte Ihnen inzwischen aufgefallen sein, dass keine meiner Übungsempfehlungen irgendeine Art von Gläubigkeit voraussetzt; das einzige Kriterium ist Ihre Bereitschaft zur Mitarbeit. Vernünftige Skepsis ist allemal besser als blinder Glaube. Ich erwarte auch nicht, dass Sie an dieses Mehr an Existenz glauben, das ich zu zeigen versuche. Würden Sie mir nur intellektuell zustimmen, nicken und sagen: »Ja, so könnte es sein, glauben wir's mal«, dann gewinnen Sie überhaupt nichts dabei. Sagen Sie sich lieber: »Ich will vorsichtig sein, ich will die Wahrheit herausfinden, ohne dass andere sie mir verkünden, ich will diesmal handfeste Beweise haben, ehe ich wieder einer Behauptung vertraue.« In der Tat können nur Sie allein für sich den Beweis erbringen, indem Sie die Dinge unmittelbar, illusionslos erfahren. Das Gefühl für die innige Verbundenheit mit der Welt, das Erfahren Ihrer großen, weiten Identität lässt sich nicht suggerieren. Es stellt sich von selbst ein, sobald Ihre verfälschende, vorgeprägte Meinung über sich und Ihre Möglichkeiten verschwindet. Und darum geht es hier: Könnten Sie auf der Stelle auf alles so genannte Wissen über sich selbst verzichten, die Dinge würden sich Ihnen ohne Einschränkung so erschließen, wie sie sind.

Die innere Fähigkeit, Ihr Leben anders zu gestalten, kann Ihnen niemand vermitteln, weil Sie sie schon haben. Alles, was ich für Sie tun kann, ist, Ihnen die Augen für Ihre eigenen Möglichkeiten zu öffnen, Ihnen ein paar Schritte hin zur Wahrheit über sich selbst aufzuzeigen, Schritte, die ich selbst zuvor gegangen bin. Ich möchte Ihnen helfen, die über Jahre aufgestaute Last der Psyche abzuwerfen, Sie überreden, Ihre Fluchtmechanismen zu durchschauen und sie aufzugeben.

Sehen Sie, die Leute konzentrieren ihre ganze Lebenskraft auf wenige, eng umgrenzte Interessensbereiche, auf ihre Fluchtmöglichkeiten vor der Wirklichkeit. Den Rest ihres Lebens verbringen sie wie im Nebel, halbbewusst, halbwach, mit unterdrückten Gefühlen, verschlossenen Sinnen. So schirmen sie sich ab, damit nicht noch mehr Leid, noch mehr Sorgen die schon verstörte Psyche verletzen.

Mit einer solchen Geisteshaltung verschließen Sie sich jedoch dem Leben. Ihre Spezialisierung auf handverlesene, Ihnen genehme, weil ungefährliche Wahrnehmungsbereiche unterbricht den Informationsfluss zu den vegetativen intelligenten Zentren Ihres Gehirns. Sie sperren eigenhändig die Intelligenz aus Ihrem Leben aus. Damit wir uns nicht missverstehen, will ich kurz meine Definition des Unterschieds zwischen Intellekt und Intelligenz skizzieren: Der Intellekt, der Verstand, arbeitet auf der Grundlage von Wissen, Erfahrung, Gedächtnis, der Fähigkeit, zu lernen und logische Schlüsse zu ziehen. Intelligenz ist auf Wissen nicht angewiesen, verlangt keine Reaktionszeit, sie ist spontan im ursprünglichen Sinne, dem Willen nicht zugänglich, und sie operiert unbewusst (was nicht heißt, dass Sie ihr Walten nicht wahrnehmen; mit »unbewusst« meint man hier das Fehlen auslösender Erinnerungen).

Statt mit Flucht sollten Sie dem Leben auf eine Weise antworten, die so einfach ist, dass Sie sie zunächst wahrscheinlich für wirkungslos halten. Die Antwort lautet nämlich: *Aufmerksamkeit.* Es wird Ihnen nicht in den Kopf wollen, dass sich die Dinge Ihres langweiligen Alltags verändern würden, wenn Sie ihnen nur genügend

Interesse, also Aufmerksamkeit, entgegenbringen könnten. Wahrscheinlich erforschen Sie sich, halten sich durchaus für aufmerksam und bieten mir ein Beispiel an, das meine Behauptungen widerlegt: Darin geht es um einen arbeitslosen Familienvater mit einem Buckel voller Schulden, drohender Zwangsversteigerung des halbbezahlten Häuschens, drei minderjährigen Kindern und einer unzufriedenen, ewig nörgelnden Ehefrau, die ihn zu verlassen droht, wenn sich nicht bald etwas ändert. Der Mann, sagen Sie, schaut Tag und Nacht auf seine Lage, besieht sie sich von allen Seiten, sinnt auf Auswege, Lösungen, grübelt und zerquält sich – und findet keine Antwort. Dieser Mensch, setzen Sie nach, *ist* aufmerksam, er hat längst alle Fluchtbewegungen aufgegeben, er resigniert und weiß nicht weiter. »Wie wirkt sich denn die Aufmerksamkeit hier aus, Sie Schlaumeier?«, fragen Sie.

Nun, Ihr fiktiver Familienvater beobachtet tatsächlich etwas, nämlich die eigenen Gedanken und Vorstellungen über seine prekäre Lage. Dieser scheinbar so kleine Unterschied entscheidet über Gedeih und Verderb. Solange der Mann sich im Kreis dreht und nur die finsteren, hoffnungslosen Bilder betrachtet, die er sich ausmalt, wird sich niemals etwas ändern. Der Unglücksrabe hat längst aufgegeben hinzuschauen, wenn seine Kinder mit hungrigen Augen am Tisch sitzen; er bemerkt nicht mehr das Verlangen seiner Frau, sie in die Arme zu schließen, zu trösten und ihr Hoffnung zuzusprechen; er sieht die existenzbedrohende Gefahr der mahnenden Bank, der leeren Kasse nicht mehr, wie sie tatsächlich ist. Er hat die Dinge verinnerlicht, betrachtet sie aus der Rückschau. Und eben mit diesem Blick nur auf seine Bilder von der Situation, der sicher gekoppelt ist mit zeitweiligen Wachträumen vom Wunder, das ihn plötzlich rettet, dem Unbekannten, der ihm einen Job anbietet, dem vergessenen Vetter in Amerika, der ihm unversehens sein Vermögen hinterlässt, ist er auf der Flucht – mit diesem Verhalten betreibt er seine Flucht vor der Wirklichkeit. Und glauben Sie mir, Ihre erfundene Vatergestalt wird sich vermutlich jeden Tag betrinken, soweit das Geld noch reicht oder er in der Kneipe Kredit bekommt; er hat sicher nicht den Mut, sich der Wahrheit zu stellen. Wer so im Dreck steckt, schaut nicht mehr genau hin.

Es nützt nicht viel, wenn ich ein Ende für die Geschichte erfinde, bei dem der Held richtig handelt. Die raue Wirklichkeit zeugt davon, wie Menschen versagen und an den Rand der Gesellschaft, an den Rand ihrer Existenz getrieben werden; wie sie leiden, krank werden, sterben, auseinanderlaufen, alles verlieren, neu beginnen und den Teufelskreis fortsetzen, so gut sie es vermögen. Diesem ewigen Kreislauf von Kummer und Leid kann ein Ende gesetzt werden. Aber Sie können weder für Ihren Nachbarn noch für mich etwas tun, Sie können nur sich selbst helfen. Tief in Ihrem Innern kennen Sie die Wahrheit über Ihre Existenz und Ihre Möglichkeiten. Oft versucht die sanfte Stimme Ihrer Intuition Ihnen zu raten, aber Sie überhören sie, weil sie zu leise ist oder weil es Ihnen nicht passt, was sie Ihnen zu sagen hat. Lernen Sie, dieser Intuition zu vertrauen; lernen Sie, der Stimme Ihrer Intelligenz zu folgen, dann werden die inneren Regungen auch an Intensität, an Häufigkeit und Lautstärke zunehmen und mit der Zeit die Oberhand gewinnen. Etwas muss ich berichtigen: »Stimme« ist hier nicht wörtlich zu verstehen, denn Intuition drückt sich weder in Worten noch in Bildern aus. Was sich Ihnen in Wort und Bild mitteilt, sind die Reaktionen Ihres Denkens – keine Intuition, keine Inspiration. Sie verschafft sich in einem sanften Drängen, einem nonverbalen Wissen Ausdruck; Sie verstehen plötzlich, was zuvor noch unverständlich war. Ihr Intellekt hat Sie ein Leben lang im Kampf begleitet, einem Kampf, der unvermeidbar ist, solange Sie ausschließlich den Eingebungen Ihres Verstandes folgen.

25. Kapitel

Was das Denken von sich denkt

Das menschliche Gehirn hat im Laufe von Jahrmillionen die Fähigkeit des Denkens entwickelt, ein Instrument des Geistes, das zu gewaltigen Leistungen fähig ist und zu ebenso gewaltigen Fehlleistungen. Denken hat den gleichen Ursprung wie die mehrfach angesprochene Intelligenz. Aber von der Intelligenz, die kreativ und spontan ist, hat das Denken sich abgespalten; es ist zu einem mechanischen Vorgang geworden.

Unser Gehirn zeigt bei Menschen, die sich auf isolierten Kontinenten vermehrten, die gleiche Struktur und Arbeitsweise wie bei denen, deren Rassen sich früh mit Nachbarkulturen vermischt haben. Dieser Umstand sollte uns äußerst nachdenklich stimmen. Nirgendwo in der Natur finden wir bei einer Gattung, die so viele Jahrmillionen schon existiert, eine derartige organische Übereinstimmung, eine derart einheitliche Entwicklung wie beim menschlichen Gehirn und seinem Denkvermögen. In der Tier- und Pflanzenwelt bestehen gravierende Unterschiede zwischen den Arten, und die Biologen hatten relativ wenig Mühe bei der Zuordnung der

Gattungsbegriffe. Eine Aktinie im Mittelmeer besitzt andere Sinnesorgane als der Haussperling in Berlin, und die Anakonda im Amazonas kann man schwerlich mit einem Schimpansen am Kilimandscharo verwechseln. Nur die Menschen gleichen sich trotz gewisser Unterschiede, beispielsweise von Hautfarbe und Augenschnitt, beinahe wie ein Ei dem anderen. Die richtige, biologische, subatomare und psychologische Konsequenz jedoch haben aus diesem offensichtlichen Tatbestand nur ganz wenige Menschen gezogen: BUDDHA, LAOTSE, TSCHUANG TZU und etliche Zen-Meister, KRISHNAMURTI, ALAN WATTS, C.G. JUNG und einige weniger prominente Autoren. Tatsächlich ist das individuelle menschliche Gehirn das Organ eines Lebewesens, das an jedem beliebigen Ort die gleiche Art von Denken pflegt, die gleichen Schmerzen empfindet, gleichermaßen fähig ist zu Freude und zur Erkenntnis. Nichts, absolut nichts unterscheidet den Maori Australiens grundsätzlich vom Lappen oder der Lady in London. Ihnen allen gemeinsam sind die psychische Struktur, die Mechanik des Denkvorgangs und das Empfinden ihres Menschseins. Ich führe diese Fakten lediglich an, um Ihnen Mut zu machen, sich endlich einmal von der öffentlichen Meinung (die ihres ebenfalls kollektiven Charakters wegen die These von der Zusammengehörigkeit der Menschheit bestätigt) loszusagen und Ihrem Inneren zu gestatten, sich darüber zu äußern, wohin es eigentlich gehört.

Höchstwahrscheinlich hat das Denken seit Beginn des geistigen Aufbruchs der Menschheit dem Irrtum vom isoliert existierenden Individuum angehangen. Wir können den Vorgang heute höchstens noch rekonstruieren, aber letztlich führt es zu nichts; es genügt, die Realität der Gegenwart zu erkennen.

Und Tatsache ist, dass das Denken in Wort und Bild seit undenklichen Zeiten ausdrückt und unterstreicht, wie sehr das Einzelwesen sich vom Rest der Welt unterscheidet. Das Denken hat die Unterscheidung in Rassen und Nationen erfunden, es ist Urheber aller religiösen Ideen, und es hat in unserem Bewusstsein aus dem einzigen Zeitpunkt, an dem wir leben können, dem Jetzt, die Zeitformen Gestern, Heute und Morgen herausgebildet.

Unser Denkapparat ist auf die Aufzeichnungen des Gehirns angewiesen, auf seine Lern- und Merkfähigkeit. Sämtliche Informationen, die das Gehirn speichern kann, müssen von den fünf Sinnen zuvor wahrgenommen und über die Nervenleitungen an das zentrale Organ weitergegeben worden sein. Und erst *nach* erfolgter Aufzeichnung setzt das Denken ein. Es ist offensichtlich, dass das Denken ausnahmslos mit Informationen arbeitet, die der Vergangenheit angehören. An andere Fakten kommt es wegen seiner Position im organischen Ablauf gar nicht heran. Alle Erfahrungen, die Sie während Ihres Lebens sammeln, alles Geschehen, das es wert ist, gespeichert zu werden, gelangt via Sinne und Nervensystem zum Gehirn und steht dort fortan dem Denken zur weiteren Verwendung, besser: zur Wiederverwendung, zur Verfügung.

Die einzelne Gehirnzelle ähnelt, vergrößert man sie extrem, einem Knoten, von dem – ähnlich wie bei Korallen – Verzweigungen abgehen. Diese Verzweigungen zwischen den Zellen entstehen, damit Informationen übertragen werden können. Alle Lernprozesse schlagen sich in solchen Zellverbindungen nieder, das Gehirn organisiert sie zu vielschichtigen Verbänden, die im Fachjargon Synapsen genannt werden. Und je häufiger sie genutzt werden, desto eher muss das Gehirn sie verstärken; Sie können es mit einem Unternehmen vergleichen, in dem viel telefoniert wird und das darum weitere Anschlüsse durch die Post installieren lässt. Sie dürfen davon ausgehen, dass jede Gewohnheit, die Sie längere Zeit kultivieren, sich in massiv verstärkten Zellverbindungen niederschlägt. Darum ist zum Beispiel der Reflex so stark, sich sofort nach dem Morgenkaffee eine Zigarette anzuzünden, wenn Sie dies seit Jahren so halten. Die Problematik jeder Sucht, jeglicher Bindung an bestimmte Tätigkeiten, Menschen oder Sachen beruht auf der Wirkung dieser Zellverbände. Sobald Sie eine Gewohnheit aufgeben, lassen allmählich die entsprechenden Reflexe im Gehirn nach, und mit der Zeit vergessen Sie, was Ihnen früher wichtig war. Ihr Denken bedient sich der eingefahrenen Gleise, es reagiert nie auf andere Informationen als die im Gehirn gespeicherten, die den Bodensatz all Ihrer Erfahrungen und Schlussfolgerungen ausmachen.

Die Schaltschemata dieser Synapsen sind nicht genetisch bedingt. Das Gehirn kann sie beliebig neu herstellen, verstärken – und es baut sie wieder ab, wenn das Denken sie seltener oder gar nicht mehr nutzt. Es ist absolut möglich, dass Muster vollständig aus Ihrem Kopf verschwinden, wenn Sie eine Meinung oder eine gewohnte Tätigkeit vollkommen aufgeben.

Diese Erkenntnis ist sehr wichtig. Es gibt keine unabänderliche geistige Struktur, die für alle Zeiten Ihr Schicksal wäre, wenn sie erst einmal existiert. Vermutlich bekommen wir bereits im Mutterleib eine erste Prägung mit, eine vorgefertigte Grundausstattung von Zellorganisationen, die das praktische Leben beliebig und in vielen Richtungen verändern, modifizieren, stärken oder löschen kann. Vergleichen Sie es mit einem Händler, der Ihnen den neuen Fernseher bringt und als Service bereits eine bestimmte Sendervorwahl eingestellt hat. Sie können diese Programmierung beibehalten oder sie ändern, die Wahl ist Ihnen freigestellt.

Das Denken hat vom Beginn der menschlichen Geschichte an nicht erkannt, dass es ein kollektiver Vorgang ist, also nicht mein Denken oder Ihr Denken – es ist einfach Denken. Es isoliert mit seiner Arbeit seinen Wirtskörper, und es sammelt ausschließlich Informationen und Erfahrungen, die dieser Wirtsorganismus gemacht hat. Infolgedessen entgeht dem Denken die Einsicht, dass es identisch ist mit dem globalen menschlichen Denkvorgang, obgleich es seine ersten Impulse allesamt aus der Beziehung zur Außenwelt empfängt. Das Denken erkennt nicht, dass alles je im Leben Beobachtete eins ist mit dem Menschen, in dessen Gehirnzellen es wirkt, wie die innenliegenden Organe eins sind mit diesem Lebewesen.

Ohne Zweifel sind die Gehirnzellen Materie, und diese Feststellung trifft also auch auf deren Aufzeichnungen zu, auf das ganze Archiv individuellen Wissens. Nun, Materie vergeht, der Organismus stirbt irgendwann. Das Denken, das niemals sein Einssein mit allem Denken verstanden hat, kann sich nicht mit dem Tod seines Wirtskörpers abfinden, der für seine Tätigkeit ebenfalls das Ende bedeutet. Aus diesem Grund ist auch unser Denken so sehr darauf bedacht, sich selbst, das heißt unser psychisches Bewusstsein, von dem erwiesenermaßen sterblichen Organismus abzusondern und ihm eine eigenständige, unvergängliche Identität zu geben. Wie um den eigenen Tod weiß das Denken auch um die Macht schmerzlicher Gefühle. Auch hier erkennt es nicht, dass Lust, Freude, Glück niemals erfahren werden könnten, existierten nicht auch die negativen Emotionen Schmerz, Furcht, Trauer. Ohne den leeren Raum sehen Sie keine Gegenstände; der Granitblock, aus dem der Bildhauer die Nymphe meißelt, die später im Stadtpark erfreuen wird, lässt noch nichts von seiner späteren Gestalt ahnen. Und, Freunde, wir wüssten nichts davon, dass wir jemand sind, wären wir nicht vor der Geburt niemand gewesen und wäre uns nicht bekannt, dass wir am Lebensende wieder zur Unperson würden. Ein Leben ohne Ende würde uns das Leben überhaupt nicht als begehrenswert erscheinen lassen, ohne den Tod hätte Lebendigsein nicht seinen Wert. Aber diese fundamentalen Einsichten fehlen dem Denken. Es ist viel zu sehr auf seinen Fortbestand bedacht, zu sehr eingehüllt in seine Erinnerungen, in seine Wünsche und Begierden, als dass es eine umfassendere Erkenntnis gewinnen könnte.

Sie brauchen Ihr Denken nicht zu bekämpfen, Sie müssen nicht versuchen, es abzustellen oder es gewaltsam in eine andere Richtung zu lenken – es würde vollkommen genügen, wenn es Ihnen gelänge, seine raffinierten Tricks zu durchschauen. Sobald das gelingt, sind Sie frei von seinen Suggestionen, und dann kann Denken Ihnen dabei helfen, ein besseres, harmonisches Leben zu gestalten.

Ehe ich Ihnen die wohl schwierigste unserer Übungen vorstelle, möchte ich noch kurz auf jene Heilslehren eingehen, die zwar die zerstörerische Funktion des Denkens, die unerkannten Aspekte seines Wirkens begriffen haben, ohne sich freilich über die Unsinnigkeit ihrer Methoden im Klaren zu sein, mit deren Hilfe ihre Anhänger dem Terror des Denkens beikommen sollen.

Da erzählt man Ihnen, Denken sei die Wurzel allen Übels. Das stimmt. Aber dann erklärt der geistliche Führer, dass dem Übel abzuhelfen ist, wenn Sie seine Anweisungen haargenau befolgen. Er übersieht dabei vollkommen, dass er diese Regeln einem denkenden Gehirn mitteilt, das sich die Anweisungen zu merken sucht und beschließt, sie zu befolgen. Es fasst diesen Entschluss, weil es sich einen Vorteil davon verspricht: Wachstum,

Fortschritt, Erleuchtung oder wie man es sonst nennen will. Damit folgt das Denken seinem gewohnten Muster: Wir lernen etwas, dann klärt man uns auf, belehrt uns eines scheinbar Besseren, und wir greifen danach, weil wir voller Verlangen nach Neuem sind. Mit der Folge, dass wir keinen Schritt weitergekommen, dass wir nicht aus dem Kreislauf von Lernen, Wissen, Annehmen und Ablehnen herausgetreten sind. Ihr Führer oder die Organisation, die er vertritt, fordert von Ihnen, Ihr Denken unter Kontrolle zu bringen und sich die richtige Art von Gedanken anzugewöhnen.

Wenn Sie diese Aufforderung ernst nehmen, kann es passieren, dass Sie für den Rest Ihres Lebens versuchen, Ihr Denken nach besagten Predigten auszurichten – Sie werden fortan damit beschäftigt sein, Ihre Gedanken unter Aufsicht zu halten und immer dann, wenn sie von der Linie abweichen wollen, eine Korrektur vorzunehmen und Ihren Geist auf die Ziele einer Ideologie auszurichten. Sie erleben dann den Konflikt zwischen zwei unterschiedlichen inneren Strömungen: Die eine will der Anweisung folgen, wie Sie denken und fühlen sollen; die andere bilden die natürlichen Impulse Ihres Denkens, das sich an Einflüssen von innen und außen orientiert und je nach dem Maß der Herausforderung seine eigenen Wege gehen möchte. Auf diese Weise kommt Ihr Geist nie zur Ruhe, und auch Glück werden Sie so nicht finden, denn Ihr Innenleben ist viel zu zerrissen, zersplittert, als dass Sie sich im Ernst wohlfühlen könnten. Die meisten Anhänger einer Lehre trösten sich damit, dass diese Konflikte der unvermeidliche Preis für das Privileg seien, dieser geistigen Richtung anzugehören, und reden sich ein, der Lohn müsse angesichts ihrer inneren Kämpfe, dieses endlosen Kleinkriegs zwischen Verlangen und Entsagung, entsprechend groß sein.

Äußerst verdächtig ist das Ansinnen, Sie mögen sich im Schneidersitz – oder im Yoga-Lotussitz – niederlassen, die Augen schließen und aufhören zu denken. Man fordert Sie auf, Ihr Denken zu unterdrücken, und es gibt unter den Lehrern einige, die behaupten, diesen Zustand zu erreichen. Wenn Sie es versuchen, gewinnen Sie zeitweilig den Eindruck, als gelänge es Ihnen. Sie werden stiller, es kehrt Ruhe ein, auch Ihr Denken wird ruhiger, Sie fühlen sich nahe an der Schwelle zum Nichts. Aber diese Stille stellt Ihr eigenes Denken her. Und das kann nicht vollkommen still werden, denn ganz in der Tiefe ist es nach wie vor damit beschäftigt, zu prüfen, ob diese Ruhe wirklich vorhanden ist. Vergleichen Sie es mit der fürsorglichen Ehefrau, die ihren Mann, der unter Schlafstörungen leidet, immer dann, wenn er im Begriff ist einzuschlafen, fragt, ob er nun schlafe. Sie kommen Ihrem rumorenden Denken mit keinem Mittel bei. Ich kenne Menschen, die täglich meditieren und das geschilderte Phänomen sehr wohl kennen – auch ihre Grenzen. Sie sind damit zufrieden, wenn ihnen die Versenkung in eine nur leicht vom Denken gestörte Stille gelingt, wo ihre Gedanken sich nur noch aus der Ferne vernehmen lassen wie Vogelgezwitscher vor dem Fenster oder gedämpfter Verkehrslärm.

Wenn Sie es noch nie versucht haben, dann möchte ich Sie darum bitten. Lassen Sie sich irgendwo nieder, wo Sie ungestört sind, und setzen Sie alles daran, mit dem Denken aufzuhören. Nehmen Sie sich vor: »Ich will jetzt nicht denken. Ich suggeriere mir, dass ich auf der Stelle mit dem Denken aufhören kann, ich bin ganz ruhig, in mir ist alles still, die Welt draußen geht mich nichts mehr an …« – und so weiter. Probieren Sie das über eine längere Zeit, bis Sie völlig sicher sind, dass Sie es nicht abstellen können. Denn diese Erkenntnis ist notwendig, wenn wir uns weiterhin verstehen sollen.

Es gibt einen triftigen Grund dafür, dass der Mensch sein Denken nicht abstellen kann: Das Denken ist ein Vorgang, der weit außerhalb jeden individuellen Bewusstseins liegt. Es ist das Denken der ganzen Menschheit, ein kollektiver Vorgang, der einzig durch seine eigenartige Arbeitsweise im Einzelnen den Eindruck hervorruft, er sei ein Individuum, dessen Psyche und dessen Organismus eine eigenständige Identität besäßen. Sie bilden sich ein zu denken – und das ist der tragische Irrtum. In Wirklichkeit denkt das Denken *Sie.* Das bedeutet: Zuerst ist da Denken; das Denken bedient sich der privaten Aufzeichnungen in Ihrem Kopf, Ihrer erinnerten Kränkungen, Ihrer Prägungen, Ihres Wissens, Ihrer Erfahrungen und insbesondere Ihrer Wünsche, und es webt aus diesem Informationspotenzial geschickt das Bild eines vom Gesamtgeschehen unabhängig existierenden Wesens. In Ihrem Gehirn operieren Segmente des kollektiven, weltumspannenden Denkvorgangs. Diese Segmente haben sich aus eigener Machtvollkommenheit vom stets existenten, mit Ihnen verbundenen Umfeld abgetrennt, das Denken erzeugt für sich selbst die Illusion des unabhängig vom Ganzen lebensfähigen individuellen Organismus.

Natürlich kann das Denken die Einheit seines Wirtskörpers mit der übrigen Welt nicht wirklich zerstören. An der grundlegenden Tatsache, dass Sie eins sind mit dem, was Sie beobachten, ist nicht zu rütteln. Sie können nur tun, was die meisten Menschen seit Jahrtausenden tun: sich um den Preis endloser Existenzkämpfe und Konflikte weiterhin den Fakten verschließen und Ihre Illusionen weiterpflegen. Sie leben in einer Welt voller Hass, Neid und Ungerechtigkeit, in der ein Mensch über den anderen schimpft, in dem eine Nation über die andere herrschen will, in der wenige Privilegierte den Rest der Menschheit in Armut verkommen lassen. Sie leben in einem Staatsgefüge, in dem Ihnen nur so viel an Freiheit eingeräumt wird, wie es den jeweiligen Machthabern gerade genehm ist. Man hält Sie mit den hehren Idealen des Vaterlands, der Nation bei der Stange, oder eine Kirche bietet Ihnen Glaubensinhalte an, die durch nichts anderes als das Denken geschaffen wurden. Das Denken erzeugt alle Ideologie, allen Hass und ist verantwortlich für das Elend der Menschheit – Ihr persönliches eingeschlossen. Sie leben in einer Welt von Begriffen und Symbolen, die Ihnen den Blick auf die Wirklichkeit vollkommen verstellen. Sie kennen sich selbst nicht, darum können Sie sich niemals richtig verstehen; ohne Ihr eigenes Denken zu durchschauen, werden Sie keine Fortschritte machen.

Natürlich muss das Denken nicht grundsätzlich verdammt werden; es hat ebenso viel Positives hervorgebracht, wie es Schwächen aufweist. Menschliches Denken hat die unzähligen Kunstwerke geschaffen, die herrlichen Sinfonien, Gemälde, die Architektur von Jahrtausenden; mit seiner Hilfe entstanden die Bibliotheken voller Wissen und Tradition, alle Religionen verdanken dem Denken ihre Existenz, und auch die Götter, die sie verehren, wurden vom Denken erzeugt. Es gibt auf der Erde keine geistige Strömung, keine Philosophie, die sich nicht des Denkens hätte bedienen müssen. Wenn Sie Stärken und Schwächen des Denkens richtig einschätzen können, sind Sie nicht mehr sein Sklave. Erkennen Sie: Zuerst ist das Denken in Ihrem Kopf, dann erst kommen Sie, der Denker. Es ist das Denken, das darlegt, es sei *Ihr* Denken, aber eben das stimmt nicht. Denken ist eine eigenständige, unteilbare Erscheinungsform der universalen Intelligenz des Tao, es wirkt in jedem Lebewesen entsprechend seiner Gehirnstruktur, ohne aber je seine Einheit mit dem Ganzen einzubüßen.

Lassen Sie uns nun zu der angekündigten schwierigen Übung kommen. Auch hier – Sie kennen das bereits – sollen Sie Dinge tun, die Sie auch sonst tun, ohne dass Ihnen aber die Tragweite Ihrer Tätigkeit bewusst wäre. Vor mir haben etliche Autoren das Gleiche versucht, jeder auf seine eigene Weise, jeder mit viel Mühe und der Überlegung, wie man seinen Mitmenschen etwas ungeheuer Elementares nahebringen könnte. Und jeder musste am Ende seiner Ausführungen den Hinweis anbringen, dass im Grunde nur der Einzelne selbst forschend herausfinden kann, was es mit seiner individuellen Identität auf sich hat.

Bei der Übung geht es darum, zu durchschauen, wie trickreich und blitzschnell das Denken zwischen Denker und Gedanken hin- und herspringt. Beobachten Sie zuerst eine Weile Ihre Gedanken, schauen Sie sich selbst beim Denken zu. Gleichgültig, wie Sie das erreichen; die Hauptsache ist, Sie nehmen wahr, was in Ihrem Kopf vor sich geht. Dabei werden Sie die erste bemerkenswerte Entdeckung machen: Während Ihre Gedanken normalerweise den Tag über in endlosem Wechsel von Thema zu Thema schweifen, ohne dass Ihnen das immer bewusst wäre, stocken Sie plötzlich, sobald Sie genau hinschauen. Und Sie sind während der ganzen Zeit, da Sie sich bemühen, Ihr Denken zu beobachten, nur fähig, sich mit dem Thema »Ich beobachte mein Denken« zu beschäftigen. Erst wenn Ihre gespannte Aufmerksamkeit nachlässt, stehlen sich andere Gedanken dazwischen, jene, die Sie eigentlich beobachten wollten. Sie können sie also nicht wirklich beobachten – aus dem einfachen Grund, weil das Denken nicht gleichzeitig Sie, die Vorstellung von Ihnen als Beobachter und die Gedanken erzeugen kann. Es gehört zu den Grenzen des Denkens, dass es nur auf einer Leitung zu senden imstande ist. Entweder erzeugt es denkend das Ich-Gefühl oder die Gedanken. Gäbe es Sie als unabhängig vom Denken existierenden Denker, könnten Sie das Denken leicht abstellen, Sie müssten nur beschließen: »Ich will jetzt nicht denken«

– und die Gedanken blieben aus. Da Sie aber selbst ein Produkt des Denkens sind, selbst nur einer unter unzähligen Gedankengängen, vermögen Sie es nicht.

Versuchen Sie bei Ihren Experimenten mit dem Denken möglichst genau herauszufinden, was eigentlich geschieht. Ihr Denken kann nur Vergangenes verarbeiten; was in diesem Augenblick vorgeht, liegt außerhalb seiner Reichweite. Wir wollen es ausprobieren: Sie haben soeben während des Lesens einen Gedanken hervorgebracht, wahrscheinlich einen kritischen, skeptischen, weil Ihnen aufgrund lebenslanger Gewohnheit das Gesagte überhaupt nicht einleuchtet. Nun, diesen Satz hat Ihr Denken in der Gegenwart erzeugt, denn der Denkvorgang ist eine Handlung. Ihnen ist dieser soeben gedachte Satz auch irgendwie bewusst, aber um ihn zu betrachten, müssen Sie ihn sich wiederholen!

Der Vorgang bestätigt: Ihr Denken kann seine eigene Aktivität nur dann betrachten, wenn diese Aktivität vergangen ist, wenn diese Gedanken bereits gedacht sind. Im Augenblick des Denkvorgangs selbst ist niemand da, der dieses Ereignis beobachten könnte. Den Beobachter nämlich muss das Denken miterfinden, sonst existiert er nicht. Auf diese Weise kommt auch Ihr Selbstbewusstsein zustande, Ihr Ich-Gefühl. Sie können es mit einer Video-Aufzeichnung Ihrer Lebensstationen vergleichen: Ihr Denken hält Ihnen, solange Sie wach sind, diese Sammlung an Erfahrungen und Kenntnissen über Ihre Vergangenheit vor Augen, und aus dieser Position heraus betrachten Sie Ihr Leben. Die Erinnerungen schließen – ich erwähnte es bereits – das Umfeld der erinnerten Ereignisse ein, ebenso die Szenen, aus denen Sie Ihre wichtigen Erfahrungen gewonnen haben; und dennoch ist Ihre Erinnerung ausnahmslos durchwirkt vom Bewusstsein Ihrer Isolation von den Dingen. Rückblickend sehen Sie sich eingebunden ins Leben, in den gesamten Prozess, aber gleichzeitig redet Ihr Denken Ihnen ein, Sie seien völlig getrennt von den Dingen. Und dieses Gefühl der Isolation begleitet Sie durch den Alltag, obwohl diese Trennung zwischen Ihnen, Ihrem Organismus und der Fülle Ihrer Wahrnehmungen überhaupt nicht existiert.

Ihre innige Verbundenheit mit den Vorgängen um Sie her, mit allem Beobachteten können Sie nur realisieren, wenn Sie die Dinge unmittelbar ansehen, zu genau dem Zeitpunkt, da sie sich ereignen. Sobald auch nur eine Sekunde verstrichen ist, wird die direkte Erfahrung der Ganzheit unmöglich. Sie können sich Ihrer absoluten Identität durchaus bewusst werden, wenn Sie lernen, sich in jedem Augenblick so zu sehen, wie Sie in diesem Moment sind, und nicht, wie Sie zu sein meinen. Beim Betrachten Ihrer Denkvorgänge haben Sie festgestellt (hoffentlich), dass Sie sich Ihre Gedanken wiederholen müssen, wenn Sie sie beobachten wollen, und dass Ihr Denken zum Stillstand kommt eben in dem Moment, in dem Sie es sich bewusst machen.

Ich würde Sie jetzt gern bitten, in unserem Versuch, hinter die Tricks des Denkens zu kommen, noch einen Schritt weiterzugehen. Mir ist bei der Erforschung der eigenen Denkgewohnheiten deutlich geworden, wie meine Gedanken mich, den Denkenden, hervorbringen. Wenn es mir gelingt, Ihnen verbal die Erkenntnis zu vermitteln, wie Ihr Denken Sie vom Rest Ihres umfassenden Selbst abtrennt, dann bitte ich Sie, quasi als zweiten Schritt diese »isolierenden« Gedanken nun bewusst nachzuvollziehen. Dazu ist es notwendig, dass Sie Ihre Fantasie ein wenig bemühen und sich vorstellen, Sie besäßen keine Psyche, kein Selbstbewusstsein, sondern Leere würde Ihr Inneres beherrschen. Ich weiß, ich fordere etwas Schwieriges, aber probieren Sie es dennoch. Eine Hilfe könnte der Hinweis darstellen, dass Sie nur einen Zustand simulieren, nachstellen sollen, der tatsächlich existiert. Sie suggerieren sich diese Leere, jene, die Sie manchmal aufsteigen fühlen, wenn Sie für eine Weile in sich hineinlauschen – es ist übrigens das gleiche Gefühl, das Sie nach einem Schockerlebnis in dieser »Schrecksekunde« genannten Spanne spüren, ehe Schmerz oder Entsetzen hervorbrechen. In diesen kurzen Momenten nach dem Schock vergisst Ihr Denken seine Rolle, versagt; bis zu seinem Wiedereinsetzen gibt es keine Instanz, die Ihren Schmerz erfährt.

Bemühen Sie sich nun also, bei jeder Wahrnehmung das Wahrgenommene auch zu denken – zum Beispiel: »Ich sehe die Fliege am Fenster« – »Mein Bein schmerzt« – »Dieses Kleid gefällt mir« – »Ich mag die Kassiererin im Supermarkt nicht« – »Das Obst ist zu teuer« – »Heute Abend gehe ich essen« – »Mein Geld reicht mir wieder mal nicht«. Ich könnte die Liste endlos fortsetzen, denn immerzu fügt das Denken direkt – in Worten oder auch nicht ausformuliert – das »Ich-erlebe-dies« hinzu (wo doch das Erleben des Erlebten völlig ausreichen würde). Während Sie Ihre Gedanken bewusst vorantreiben, sich Mühe geben, Ihr Ich-Gefühl zu »erdenken«, könnte Ihnen eine zusätzliche Erkenntnis zuteil werden: In diesem Buch haben Sie mithilfe Ihres Denkvermögens gelesen, Ihr Intellekt hat im Prinzip verstanden, worum es geht, und bei der Übung bewegen sich Ihre Gedanken nunmehr in einem Doppelspiel. Sie befinden sich in der absurden Position, dass Sie denken: »Ich denke, ich denke, dass ich denke«, und: »Ich denke, ich denke, dass ich denke, ich denke« – und so weiter ad infinitum. Tatsächlich tun Sie nichts weiter, als auf der einzigen Leitung linear und aufeinanderfolgend zu denken. Ihr Denken erzeugt den Oszillationseffekt, schwingt zwischen »ich« und »denke« hin und her und erzeugt so die Illusion, dass es in Ihrem Kopf jemanden gibt, der diese Gedanken denkt.

Es *existiert* ein Ausweg aus diesem Teufelskreis. Lesen Sie erst einmal weiter, ehe Sie das Buch auf den Müll werfen: Wenn Sie sehr wach leben, wenn alle Ihre Sinne ihre Funktion erfüllen, wenn Sie sich für alle, wirklich alle Vorgänge Ihres Alltags intensiv interessieren, nichts ausklammern, nichts favorisieren, nichts verdrängen; wenn Ihre Aufmerksamkeit sämtliche Lebensäußerungen umfasst – dann nimmt Ihr vollständig arbeitendes Gehirn auch sein eigenes Denken wahr. Dann tritt der Umstand ein, dass das seiner Natur nach durchaus nicht »dumme« Denken sich selbst beobachtet. Das ist ein völlig anderer Vorgang, als wenn das Denken zuerst Sie, den Beobachter, erzeugt und dieser anschließend den Rest der Sache begutachten will. Dieses unmittelbare Gewahren lässt sich aber nicht erzwingen. Wenn Sie sich vornehmen, aufmerksam zu sein, dann gilt Ihre Konzentration viel zu sehr diesem Wunsch, als dass Sie wirklich aufmerksam sein könnten. Nur ein Weg führt aus diesem Dilemma heraus: Aufmerksamkeit stellt sich ganz zwanglos ein, wenn Sie kein Verlangen verspüren. Sobald Sie etwas erreichen wollen, ein Ziel vor Augen haben, sich Ablenkung verbieten wollen – sind Sie bereits verraten und verkauft. Ihr ewiges bewusstes oder unbewusstes Wollen hindert Sie am Glück. Sie müssen die Geschichte angehen, als ob Sie im Radio einen Sender suchen, der immer wieder im Äther verschwindet, wo Sie mit sensibler Hand mit den Skalen spielen, bis Sie das Gewünschte eingefangen haben. So sollten Sie auch Ihre Wahrnehmung justieren, sofort ablassen, wenn Sie spüren, dass es Sie anstrengt. Das gilt auch für die anderen Übungen – hören Sie sofort auf damit, wenn sie Ihnen Mühe bereiten. Die Erfahrung der Wirklichkeit strengt nicht an, wenn sie ungestört, ohne das Nebengeräusch Ihrer Unruhe, Ihres Strebens erlebt wird. Halten Sie sich bitte vor Augen: Alles, was in Ihrem Leben geschieht, müssen Sie nicht vollbringen; es ereignet sich. Sie können es nicht annehmen, nicht ablehnen, also erleben Sie es ohne den Reibungswiderstand, den Ihr Ich ständig erzeugt, weil es sich den Dingen ununterbrochen und zwanghaft entgegenstellt.

Es ist die Kunst des Aufgebens, die es zu lernen gilt. Sie belächeln den Freund, der schon hundertmal das Rauchen aufgegeben hat, weil Sie überzeugt sind, er kokettiere nur mit dem Aufhören – was vermutlich stimmt; dennoch steckt in diesem wiederholten Verzichten nichtsdestoweniger eine tiefe Weisheit. Wenn Sie heute etwas erleben, das Ihnen viel Freude, viel Vergnügen bereitet, Genuss und Wohlgefühl verschafft, dann bewahren Sie das Geschehene im Gedächtnis, konservieren es als Muster in Ihrer Kollektion potenzieller Wünsche. Auf diese Weise sammelt sich in Ihrem Kopf eine Menge Material an, Sie verfügen über Erinnerungen an zahlreiche begehrens- und wiederholenswerte Erfahrungen, und Ihr Denken sucht nach Mitteln und Wegen, um eine Wiederholung zu realisieren. Das Problem beginnt nicht etwa in dem Moment, da Sie einen Genuss erleben; nur Narren weisen das Angenehme im Leben zurück in dem Wahn, der Verzicht verschaffe ihnen den Eintritt in eine bessere Welt. Problematisch aber ist, dass Sie die Situation, die Sie genießen, willkürlich herbeigeführt haben zur Befriedigung eines vorhandenen Verlangens. Und prüfen Sie sich einmal, wenn Sie etwas genießen, ob Sie nicht in diesem Moment bereits wieder damit beschäftigt sind, die Wiederholung des Genusses sicherzustellen.

So arbeitet unser Gehirn, unser Denken. Ewig auf der Jagd nach Erfüllung, vermag es das Erlangte, die Gegenwart nicht voll auszukosten, weil es viel zu sehr darauf erpicht ist, gleichzeitig für den Fortbestand, die Wiederholung zu sorgen. Wir alle sind unfähig, eine Sache zu beenden, wenn sie vorbei ist. Sobald Sie verstehen, dass ein vergangener Genuss nicht wiederkehrt, sowenig, wie Sie zweimal im selben Fluss baden können – es ist immer wieder anderes Wasser, das da vorbeiströmt –, werden Sie auch Ihren Hang zur Wiederholung durchschauen. Dieses Verlangen erweist Ihnen einen schlechten Dienst, denn es führt Sie immer wieder zum Alten, zum Bekannten zurück und verhindert neue Eindrücke. Die Langeweile, vor der Sie ständig auf der Flucht sind, hat ihre Ursache gerade in Ihrem eigenen Beharren auf der Wiederholung vergangenen Vergnügens. Nichts lässt die Zellen Ihres Hirns schneller verkümmern als diese auf Sicherheit und Fortbestand ausgerichtete Wiederholung des Ewiggleichen.

Wenn ich Ihnen nun den Rat gebe, sich nichts mehr zu wünschen, richtiger: Ihren Geist nicht ständig mit irgendwelchen Begehrlichkeiten zu beschäftigen – dann denken Sie sofort: »Wenn ich mir nichts mehr wünschen darf, bekomme ich auch nichts mehr.« Was natürlich völliger Unsinn ist. Sie bekommen die Dinge, die das Leben für Sie bereithält, nicht deshalb, weil Sie sie unbedingt haben wollen und darum kämpfen; Sie bekommen sie vielmehr ohne Ihr Zutun als Ergebnis der wechselseitigen Einflüsse der Dinge und Ereignisse aufeinander.

Eine sichere Art, Wünsche Wirklichkeit werden zu lassen, ist die folgende: Wenn Ihnen etwas begegnet, das Sie ungemein anspricht, erwacht der natürliche Drang, es zu besitzen – so entsteht normalerweise ein

Wunsch. Lassen Sie diese Regung in sich ruhig aufflammen, brennen, geben Sie sich ohne Hemmung dem aufkeimenden Begehren hin. Dann aber lassen Sie es genug sein. Sie haben sich mit Ihrem ganzen Sein dem augenblicklichen Verlangen geöffnet, Ihr Gehirn hat den Vorgang aufgenommen, und er wirkt dort weiter fort. Aber nun sollten Sie aufhören, sich mit diesem Wunsch und seiner Befriedigung zu beschäftigen. Ihr Denken möchte sich in der Folge gern ausführlich damit auseinandersetzen, sich die zukünftige Freude vorstellen, das Vergnügen, das Ihnen voraussichtlich der Besitz der Sache bereiten wird. Sie werden nach Möglichkeiten Ausschau halten, sich das Gewünschte zu beschaffen, und zu seiner Realisierung Kraft und Energie aufwenden. Mit diesen geistigen Aktivitäten jedoch zerstören Sie sich den größten Teil der Aussichten, mühelos und unversehens der Erfüllung zu begegnen, weil Sie mit Ihren Fantasien, Ihren Wachträumen den Informationsfluss, den wahren Tatbestand verfälschen. Nach dem Verklingen des ersten aufschäumenden Begehrens wäre ein klarer Blick auf den nicht erfüllten Wunsch nötig, wenn sich die Kräfte Ihrer unwillkürlichen Intelligenz bewegen sollen. Aber Ihr Denken sendet mithilfe dieser Imaginationen eine Fehlinformation nach der anderen aus, vernebelt die Realität, in der allein Ihr Wunsch erfüllt werden kann. Beobachten Sie, wie Sie mit Ihrem Verlangen umgehen, und erkennen Sie seine Nutzlosigkeit. Im Augenblick des Aufgebens legen Sie den Grundstein für die Erfüllung.

Erforschen Sie Ihre Gewohnheiten, und machen Sie sich klar, wie mechanisch Ihr Geist dadurch wird. Lernen Sie, mit leichter Hand die Dinge zu tun, die Ihnen Freude bereiten – und geben Sie sie jedes Mal für immer auf, wenn Sie sie getan haben. Dies impliziert durchaus nicht, dass Sie sie nicht bei nächster Gelegenheit in anderer Form wiedererleben, aber der feine Unterschied besteht in Ihrer Einstellung dazu. Wenn Sie je im Leben mit ernsthaftem Vorsatz eine Sache aufgegeben haben, erinnern Sie sich vielleicht an die letzten Stunden vor dem endgültigen Verzicht: Die Tätigkeit, die Sache, der Sie zu entsagen entschlossen waren, offenbarte sich Ihnen in völlig anderer Qualität als sonst. Sie empfanden Ihr Tun friedlicher, harmonischer; kein Gefühl der Bindung schmälerte diesen letzten, vom Wissen um den bevorstehenden Verzicht begleiteten Genuss.

Und so, liebe Freunde, könnte es immer sein, wenn wir unser Leben in vollen Zügen leben. Geben Sie jede Handlung sofort auf, wenn sie beendet ist. Und öffnen Sie sich dem Unbekannten, Neuen, das Sie gewiss dann erwartet, wenn Sie gelernt haben, vom Gewohnten grundsätzlich abzulassen.

26. Kapitel

Wenn die Tür sich öffnet

Es gibt eine lustige Übung, die beweist, wie schwierig es ist, sich zu asymmetrischen Körperbewegungen zu zwingen. Sie werden – meist bei geselligen Anlässen – aufgefordert, mit der rechten, geöffneten Hand kreisförmige Bewegungen vor der Brust auszuführen und gleichzeitig mit der linken Hand rhythmisch auf Ihren Schädel zu klopfen – und zusätzlich, auf einem Bein stehend, mit dem anderen Ovale in der Luft zu beschreiben. Sie fühlen sich sehr zur Erheiterung der Zuschauer arg überfordert. Sie bringen die Bewegungsabläufe durcheinander und geben nach einigen missglückten Versuchen auf. Es erfordert eine lange Zeit des Trainings, bis Ihnen Aufgaben solcher Art glücken. Jeder Organist kann ein Lied davon singen, wie viel Übung es erfordert, bis seine Gliedmaßen oberes und unteres Manual und dazu die Pedale perfekt bedienen können. Müssten Sie die Motorik Ihres Körpers erst erlernen, so wie Sie als Kind laufen gelernt haben – Sie würden mit zwanzig noch umhertaumeln wie ein Spastiker. Ihr Intellekt ist bereits überfordert, wenn Sie nach einem vorgegebenen Ablaufplan Ihren Händen das Anstecken einer Zigarette beibringen sollten – oder nur die Reihenfolge der Bewegungen, die nötig sind, um ein Blatt Papier aufzuheben.

Hier werden die unterschiedlichen Mechanismen der automatischen, vegetativen Reflexe und des Verstandes sichtbar. Ihr Intellekt operiert ausschließlich linear. Wie er zum Sprechen und Denken Laute, Buchstaben in eine Reihe bringt, so muss er auch alle anderen Aufgaben nacheinander erledigen; ihm fehlt die Fähigkeit des sofortigen, ganzheitlichen Erkennens, er braucht die Analyse – so rasch diese erfolgen mag –, um Tatbestände verwerten zu können.

Ganz anders die unwillkürlichen Kräfte Ihres Gehirns; sie operieren komplex, sind zu multifunktionaler Arbeitsweise imstande. Die Ihrem Organismus innewohnende Intelligenz bezieht ihre Impulse unmittelbar aus dem Urgrund alles Existierenden. Sie können Ihrem Herzen nicht gebieten, dass es schneller schlägt oder langsamer, Sie haben keinen Einfluss auf die Vitalität Ihrer Zellen, auf Ihre Keimdrüsen; alle inneren Organe können leicht auf Ihren Rat verzichten.

Angesichts dieser elementaren Erkenntnis muss man sich eigentlich wundern, dass der Mensch allen frustrierenden Erfahrungen zum Trotz unverdrossen weiter versucht, die Aktivitäten seines Gehirns in Bezug auf die Außenwelt zu steuern. Und zwar mit einem Instrumentarium, das dieser Aufgabe gar nicht gewachsen ist: mit seinem Wissen. Also verstrickt er sich ununterbrochen in Konflikte, er spezialisiert sich, schottet sich häufig von weiten Bereichen des Lebens ab, weil er meint, er könne mit Teilproblemen besser fertig werden. Was dazu führt, dass immer mehr Spezialisten von immer mehr Dingen immer weniger und von immer weniger Dingen immer mehr wissen. Die Komplexität des Lebenszusammenhangs vermag ein linear arbeitender Geist bereits nicht mehr zu überblicken; daher gerät der Spezialist, der Abgesonderte, von vornherein ins Abseits.

Was also ist zu tun? Nun, was tun Sie, damit Ihr Puls schlägt? Oder was unternehmen Sie, damit Ihr Darm funktioniert? Was, damit Ihre Zellen sich erneuern; wie stellen Sie sicher, dass nach einigen Jahren nicht aus Versehen ein völlig anderer genetischer Typ aus der Entwicklung der Zellen hervorgeht?

Sie tun nichts dazu, weil Sie von Anfang an begriffen haben, dass Sie nichts tun können. Das Gleiche gilt für Ihr Hirn und die Art, wie es dem Leben begegnet. Dass Sie trotz Ihrer stets unzulänglichen Erfahrungen permanent Entscheidungen treffen und danach handeln müssen, hat man Ihnen anerzogen. Stellen Sie sich nur vor, man hätte auch versucht, Ihnen beizubringen, wie man den Kopf dreht, die kleinen Händchen bewegt, den Schnuller anfasst, das Gesicht der Mutter streichelt – Sie hätten heute noch Probleme damit. Machen Sie sich klar: Jedes Tier kann von klein auf schwimmen und findet sich ohne Anleitung der Alten in seiner Umgebung zurecht. Nur der kleine Mensch wird als hilfloses Wesen behandelt; insbesondere traut man ihm – weshalb eigentlich? – keinerlei eigene geistige Potenz zu. Die Erwachsenen beharren darauf, dass das Kind bestimmte Dinge – jene, die sie selbst lernen mussten – zu lernen hat, weil es sie angeblich sonst nie beherrschen würde. Und hier beginnen die Probleme, die Sie ein Leben lang nicht mehr verlassen werden.

Ich will Ihnen ein einfaches Beispiel nennen, frei erfunden, um zu zeigen, welchen Unfug der Mensch bei der Aufklärung seines Nachwuchses treibt. Unterstellen wir der Gattung der Fledermäuse einmal ein gewisses Denkvermögen, und nehmen wir an, es kursiere im fledermäuslichen Kulturkreis die Annahme, das Fliegen müsse den Anfängern gründlich erklärt werden, ja, die wahre Kunst des Fliegens könne nur durch eine priesterliche, geweihte Kaste vermittelt werden. Die armen neugeborenen Würmer müssten sich mit ihren Flugversuchen gedulden, bis man sie ausführlich und umständlich über dieses Phänomen aufklärte, sie müssten den Drang auf- und davonzufliegen, als sündhaft, frevelhaft, nonkonform unterdrücken und erst die höheren Weihen abwarten. Irgendwann würden die angeborenen Fähigkeiten zum freien Flug verkümmern, kleine Fledermäuse wären dann wirklich zunächst flugunfähig, und erst ein mühseliger Erziehungsprozess erlaubte dem Nachwuchs, sich so wie die Alten zu verhalten. Ein Unding, wirklich.

Und dennoch verhält es sich mit der menschlichen Intelligenz ganz ähnlich. Die Gaben und Fähigkeiten, mit denen Kinder zur Welt kommen, werden von der Gesellschaft, vertreten durch die Stützen ihrer Moral, systematisch unterdrückt. Die Kleinen werden einer Gehirnwäsche unterzogen, trainiert auf eine Lebenstüchtigkeit hin, die den Idealen dieser Gesellschaft entspricht. Die Folgen sind überall auf der Welt zu sehen. Nehmen Sie die Zeitung zur Hand, schauen Sie in die Nachrichten, lesen Sie Psychologiebücher, hören Sie den Rednern zu, den Verkündern patriotischer Botschaften: Es ist überall das Gleiche, nirgendwo finden Sie Stimmen, die die übliche Arbeitsweise des menschlichen Geistes grundsätzlich infrage stellen. Es müsste doch nachdenklich stimmen, dass ein intellektuell so hoch entwickeltes Wesen wie der Mensch mit seiner Existenz derart schlecht zurechtkommt. Dass dieses Wesen eine Psyche, das Bewusstsein einer Psyche entwickelt hat, mit deren Hilfe es eine permanente Flucht vor der eigenen Realität betreibt; eine Psyche, die diesem Wesen gestattet, sich innerlich von den realen, zumeist äußerst erschreckenden Ereignissen abzusondern. Dass diese Trennung eine Illusion ist, wollen die wenigsten wahrhaben. Gewiss spüren sie zuweilen ein inneres Unbehagen, sie ahnen, wie wenig ihr Weltbild stimmt. Doch sie fahren fort, wursteln vor sich hin, bis der Tod sie von ihren Problemen erlöst.

Was also ist zu tun? Sind Sie inzwischen der Lösung auf die Spur gekommen? Oder haben Sie nur gelesen, genickt oder den Kopf geschüttelt, gemurmelt, der Kerl spinnt doch, das ist alles nicht wahr? Ich bin zutiefst überzeugt, dass unsere Welt im Grunde eine gute Welt ist und dass der Mensch mit seinen zahllosen Fähigkeiten durchaus Güte und Mitgefühl empfinden kann. Er ist nur fehlgeleitet, vergiftet durch Ideen, Ideale und Ideologien. Die Antwort auf die Frage, was zu tun sei, ist äußerst einfach: *nichts!* Es gibt nichts zu tun, weil Sie nichts tun können! »Also soll ich die Hände in den Schoß legen und abwarten, was das Schicksal mit mir anstellt?«, fragen Sie jetzt. »Soll ich Fatalist werden, weil doch alles Kismet ist, soll ich den Rest meiner Tage in Lethargie verbringen wie jener Mann in JOHN STEINBECKS Roman ›*Die Tabakstraße*‹, der zu träge war, sich dem eigenen Untergang entgegenzustemmen?«

Nichts dergleichen, mein Freund, meine Freundin. Sie sollen nur etwas Neues dazulernen: Sie sollen lernen, wie man handelt, ohne dass Ihr Wissen, Ihre Erfahrung dabei Regie führen; Sie sollen lernen, wie ein Leben beschaffen ist, das der Geist ohne vorgegebene Motive spontan gestaltet. LAOTSE sagte über das Tao, es tue nichts, und dennoch bliebe nichts unerledigt. Die Taoisten waren von der Kunst des Nicht-Handelns überzeugt. Damit ist nicht Untätigkeit gemeint, sondern Enthaltung: Sie sollten es lernen, sich aller willkürlichen Handlungen zu enthalten. Es ist die Forderung an Sie, sich aus einem mit Höchstgeschwindigkeit vorwärtsrasenden Zug zu stürzen, sich inmitten Ihrer Schwierigkeiten, Sorgen und Lebensprobleme von einem Moment zum anderen auf eine neue Art des Handelns umzustellen.

Natürlich können Sie das nicht sofort bewerkstelligen. Sie sind vielleicht nicht abgeneigt, etwas zu ändern, aber Sie möchten Garantien haben, dass es einen Sinn hat, funktioniert, Ihnen zum Vorteil gereicht. Natürlich könnte ich Ihnen allerhand versprechen, zum Beispiel, dass Sie in den Himmel kommen, dass Sie Glück, Erfolg und Reichtum erlangen, sofern Sie nur tun, was ich hier anpreise. Weit gefehlt, ich habe nicht die Absicht, mit Versprechungen zu handeln.

Aber ich will versuchen, Ihnen etwas Besseres zu geben – nämlich den Hinweis, wie Sie aus sich selbst heraus die notwendige Gewissheit erlangen können. Das Gefühl, wie man richtig handelt, spontan und blitzschnell die Wahrheit und Bedeutung einer Situation begreift, ein Problem versteht und, ohne auszuwählen, zur Tat schreitet, ruht in Ihnen selbst. Ein im wahrsten Sinne des Wortes »ruhendes« Gefühl; es ist verdeckt von Ihren Vorurteilen, Ihren Prägungen – und eben Ihrem Besserwissen. Auch Ihre Verwirrung, die zwar verdrängte, aber doch spürbare Ratlosigkeit, Ihre Angst, das Falsche zu tun, sorgen dafür, dass ein echtes Lebensgefühl nicht aus dem Bereich des Unbewussten hervordringen kann.

Sie besitzen kein wirkliches Vertrauen in sich. Man hat es Ihnen beizeiten geraubt und es durch ein auf den Intellekt gegründetes, zum Teil übertriebenes Selbstbewusstsein ersetzt. Aber Selbstbewusstsein hält keiner Krise stand, es bröckelt ab wie Putz von einer schlecht gereinigten Wand, wenn der Regen kommt. Dieses Vertrauen kommt aus einer anderen Quelle als Ihre Bilder von sich: Es entspringt unmittelbar dem Urgrund. Sie wagen jedoch nicht, ihm zu folgen, sich darauf zu verlassen, weil Sie einfach zu ängstlich sind, um spontan zu handeln. Viel zu sehr haben Sie in der Vergangenheit nach jeder wichtigen Entscheidung gegrübelt und gebangt, ob Sie wohl das Richtige gewählt haben, oder ob Sie etwa Umstände übersahen, die sich verhängnisvoll auswirken könnten.

Nehmen Sie einen Rat an: Wagen Sie es bei kleinen Dingen, bei denen ein Misslingen keine großen Konsequenzen hat. So habe ich mit dem intuitiven, spontanen Handeln begonnen. Weigern Sie sich, eine Entscheidung zu treffen, und seien Sie stattdessen offen für den leisen Drang, den Sie in Ihrem Inneren spüren – dann handeln Sie automatisch richtig. Bei den Kleinigkeiten des Alltags besteht allerdings eine gewisse Gefahr: Diese Dinge wiederholen sich so oft, dass Sie inzwischen über viel Routine verfügen und sowieso kaum noch nachdenken, wie Sie sich verhalten sollen. Lassen Sie diese Ereignisse dennoch fließen, wie sie wollen – und allem voran: Erlauben Sie anderen Leuten kein Werturteil über Ihr Verhalten. Ihre gesunde, vernünftige Intuition wird bei allen Problemen grundsätzlich den Weg des geringsten Widerstandes vorschlagen. Die Lösung schwieriger Fragen liegt für denjenigen, der sich mit dem Fließen des Tao bewegt, sehr oft ganz nahe; der Verstand erkennt diese mögliche Lösung nicht, weil sie ihm zu offensichtlich, zu einfach erscheint.

Wer sich dem Strom der Ereignisse anvertraut, wird von der Gesellschaft allerdings verurteilt. Man legt es Ihnen als Charakterschwäche aus, wenn Sie nicht ständig streben und kämpfen; wer Sie auf Ihre, die bessere Art handeln sieht, wird Ihnen dennoch einen baldigen Untergang prophezeien, weil Sie das Geschehen nicht nach Ihrem Willen lenken. Vielfach unternehmen Sie bei auftretenden Schwierigkeiten nur darum auf der Stelle etwas, damit andere Ihnen nicht Drückebergertum vorwerfen können; Sie werden tätig, obgleich Ihr Gefühl Sie eher zum Abwarten drängt. Unser anerzogenes Pflichtbewusstsein treibt uns oft genug zu unausgegorenen Handlungen, wir orientieren uns viel zu sehr daran, was andere von uns erwarten.

In Wahrheit können Sie den Lebensprozess nicht im Griff behalten, das dürfte Ihnen mit den Jahren klargeworden sein. Sie besitzen kaum Einfluss auf Ihre unmittelbare Umgebung – bereits die Öffnung des Krämerladens nebenan entzieht sich Ihrem Willen, wenn Sie nach Ladenschluss noch Zahnpasta benötigen, von Ihrem Lebensgefährten erst gar nicht zu reden. Sie, diese imaginäre, nur durch ihre Gedanken existierende Wesenheit, können äußerst wenig ausrichten, und das spüren Sie bei jeder Gelegenheit. Das ist der Grund für so manche heimliche Furcht, doch nie werden Sie sich eingestehen, *wie* machtlos Sie in Wirklichkeit sind. Dabei wäre gerade dieses Eingeständnis einer der Schlüssel zur Besserung Ihrer Lebenssituation, sowohl im materiellen als auch im emotionalen Bereich.

Sagen Sie jetzt bitte nicht: »Wenn dies stimmt, sind ja alle meine Lebensstationen determiniert, ist mein Leben von A bis Z vorbestimmt; ich will das nicht glauben, denn falls dem so ist, kann ich eigentlich gleich aufgeben.« Dieses Gefühl der Fremdbestimmung kann nur aufkommen, solange Sie sich für ein Lebewesen halten, das vom Rest der Welt isoliert existiert, solange Sie Ihre umfassende Identität nicht erkennen. Die Art, wie Ihr Denken sich selbst von seinem Umfeld isoliert, einem Umfeld, das nicht statisch ist, sondern handelt, erzeugt zwangsläufig diesen Eindruck von Ohnmacht, unter dem Sie alle Tage leiden. Mit diesem isolierten, vom Leben abgespaltenen Bewusstsein sind Sie in der Tat so gut wie handlungsunfähig. Beobachten Sie, wie Ihre alltäglichen Entscheidungen zustande kommen. Sie können leicht feststellen, wie Sie jedem Konflikt mit Ihrem Wissen begegnen, dieses Wissen aber selektiv anwenden, nur die Aspekte Ihrer Erfahrung nutzen, die Ihnen jeweils in den Kram passen.

Die gleiche Erfahrung aber, aufgrund deren Sie Ihren Beruf ausüben (und gegen die nichts einzuwenden ist), sagt Ihnen auch, wie machtlos Sie den Umständen gegenüber sind. Aber diese Einsicht zu realisieren nähme Ihnen jede Hoffnung; Sie wären bei sämtlichen Entscheidungen derartig verunsichert, dass Sie sich wie gelähmt in eine Ecke zurückziehen würden.

Sie sind handlungsfähig, jedoch nicht als isoliertes Individuum. Sie sind handlungsfähig als das Ganze, das Sie tatsächlich sind – jetzt schon sind, auch wenn Ihnen das derzeit noch nicht klar ist. In der Praxis sollten Sie daher, sobald Sie aus dem Anfängerstadium herausgetreten sind und gelernt haben, mit den kleinen Erfordernissen des Lebens sorgloser, leichter umzugehen, sich den ganz großen Brocken zuwenden. Lassen Sie das »Mittelfeld«, jenen Bereich, in dem sich der größte Teil Ihres Daseinskampfes abspielt, erst einmal außen vor. Richten Sie Ihr Augenmerk auf die Probleme, bei denen Ihnen von Anfang an klar ist, dass Sie ihnen machtlos gegenüberstehen: eine hoffnungslose Situation am Arbeitsplatz, eine total zerrüttete, problembeladene Beziehung zu einem anderen Menschen, eine chronische Krankheit, eine hohe Verschuldung oder andere Situationen mit den Merkmalen einer schweren Krise. Sie lehnen sich auf gegen das, worunter Sie leiden, und Sie schleppen Ihren Kummer mit, wohin Sie auch gehen.

Vielleicht ist er stiller geworden mit der Zeit, mit den schwindenden Hoffnungen, Sie haben bereits resigniert, erwarten keine Wende mehr. Dennoch haben Sie wahrscheinlich ganz insgeheim noch eine letzte Hoffnung – die Hoffnung auf ein Wunder, darauf, dass irgendeine Macht von außen unversehens helfend eingreift. Ich kann mir vorstellen, wie Ihr Geist zu nächtlicher Stunde in Vorstellungen schwelgt, die Sie in einer besseren, glücklicheren Lebenssituation zeigen. In Gedanken planen Sie ohne Unterlass den Wandel, auf eine Weise, wie Sie ihn sich vorzustellen vermögen, Sie planen, soweit Ihre Fantasie reicht.

Die Suche nach einer Lösung haben Sie schon lange aufgegeben, doch keiner darf Ihnen verwehren zu träumen. Ein Idealbild ist an die Stelle des echten Lebens getreten, und so verbringen Sie Ihre Tage auf der Flucht vor den Schlägen des Lebens, die Sie nach Ihrem Gefühl besonders schwer getroffen haben.

Dabei erleiden Sie das kollektive Leid der Menschheit. Ihr Denken ist das Denken Ihrer Mitmenschen, jeder hat sein Paket zu tragen, lebt in Angst und Sorgen – blicken Sie sich in Ihrem Bekanntenkreis um, schauen Sie genau hin, und Sie werden registrieren, wie wenige menschliche Beziehungen wirklich stimmig sind, wie wenige harmonieren. Menschen, die keine finanziellen Probleme haben, können Sie mit der Lupe suchen. Auch die Reichen bleiben nicht verschont, weil sie sich ständig übernehmen, weil ihr Begehren mit den finanziellen Mitteln in den Himmel gewachsen ist. Das menschliche Streben ist auch durch Erfolge nicht zufriedenzustellen, ein Sprichwort drückt diese Wahrheit aus: »Je mehr er hat, je mehr er will, nie schweigen seine Wünsche still.«

Was also ist angesichts der persönlichen Katastrophe zu tun? Tun Sie gar nichts mehr! Sie haben schon so viel unternommen, gekämpft bis zur Erschöpfung, und immer, wenn Sie glaubten, Ihrem Ziel nahe zu sein, geriet Ihnen etwas dazwischen, das Sie nicht kontrollieren konnten. Uns verfolgt sowieso ständig die Angst, an irgendeinem Punkt später anzukommen als unsere Mitbewerber; die Zeit ist unser Feind – unermüdlich laufen wir dem Erfolg nach, und je weiter wir vorankommen, desto schneller entschwindet er in der Ferne. Deshalb: Bleiben Sie endlich stehen, unternehmen Sie nichts weiter, als sich die Situation gründlich anzusehen. Schauen Sie aber genau hin, lassen Sie sich nicht wie gewohnt in die Flucht schlagen, gestatten Sie Ihrer Fantasie nicht, mit Ihnen durchzugehen, wenden Sie den Blick nicht ab von den grauenhaften Gegebenheiten. Das einzige Mittel, etwas zu verändern, ist der direkte Blick auf die Dinge.

Seien Sie nicht gekränkt, wenn ich behaupte, Sie hätten keines Ihrer Probleme je richtig verstanden. Solange ein Problem fortbesteht, ist es nicht verstanden worden. Denn im Verstehen, im wirklichen Erfassen des Problems liegt bereits die Energie, die es zerstört, für alle Zeiten. Hier sind allerdings nicht das intellektuelle Erfassen gemeint und Ihre klugen Schlussfolgerungen – damit sind Sie stets schnell bei der Hand. Jahrelang schwelende Konflikte wälzen Sie tausendmal und zehntausendmal im Kopf herum, am Ende ohne Resultat. Geben Sie doch endlich zu, wie wenig Sie vom Leben begriffen haben. Es ist unendlich schwer, sich das einzugestehen. Doch diese Einsicht erst eröffnet die Möglichkeit, richtig zu handeln.

Wenn Sie vor einem Problem stehen, das zu groß für Sie und Ihre Fähigkeiten ist, wagen Sie nicht, sich selbst gegenüber zuzugeben, dass Sie ihm nicht gewachsen sind – weil Sie fürchten, dieses Eingeständnis würde endgültig Ihren Untergang besiegeln, den Sie mit der ganzen Kraft Ihres Vorstellungs- und Kombinationsvermögens aufzuhalten suchen. Geben Sie die Niederlage zu, es ist keine Schande, sich geschlagen zu geben, wenn der Feind zu mächtig ist. Geben Sie auf, und gewinnen Sie im Aufgeben. Sie machen mit dem Verzicht auf Aktionen, die Ihnen Ihr Verstand befiehlt, die Bahn frei für die Heilkraft Ihres eigenen Geistes. Lassen Sie den Dingen ihren Lauf, ohne selbst Einfluss nehmen zu wollen. Wenn die Entwicklung in der Folge Ihr Eingreifen braucht, werden

Sie zur richtigen Stunde den Impuls dazu erhalten. Und dann zweifeln Sie nicht, ob Sie es tun sollen oder nicht – wenn die Tür sich öffnet, dann gehen Sie hindurch!

Die Kunst des Nicht-Handelns ist die Weisheit, mit dem Strom zu fließen; ein Leben ganz ohne Anstrengung ist möglich und erreichbar. Sie unternehmen zu oft zu viel und scheitern dabei. Ohne Ehrgeiz gelingt Ihnen mehr, als wenn Sie andauernd dem Erfolg nachjagen. Mit jeder Ihrer Aktionen erzeugen Sie Widerstand; Sie selbst schaffen sich die Hürden, und dann wundern Sie sich, weshalb sie in dem Maße häufiger auftreten, in dem Sie sich mühen, sie zu überspringen. Auch RALPH WALDO EMERSON war der Meinung: »Wir geben uns oft eine unglaubliche Mühe, mit Fallen und Gruben und Hinterhalten das zu erjagen, was ganz von selbst in unsere Hände fallen muss.« Wenn Sie in Schwierigkeiten geraten, zappeln Sie wie die Fliege im Honigtopf; je mehr Sie sich anstrengen, um freizukommen, desto tiefer versinken Sie im Honig.

Stillhalten, den eigenen schöpferischen Kräften Raum geben – das ist die rechte Art zu leben. Probieren Sie es aus, erst bei den kleinen, dann bei den gewaltigen, furchteinflößenden Konflikten und Herausforderungen. Eine Warnung muss ich allerdings dennoch aussprechen: Sie können sich getrost in allen Lebenssituationen auf die Intelligenz in Ihnen, auf die Homöostase Ihres Geistes verlassen, brauchen sich nicht um die Zukunft zu sorgen oder um das Gelingen, nur eines dürfen Sie dabei nicht tun: wieder wegschauen.

Haben Sie es nicht gelegentlich erlebt, dass man Ihnen etwas erklären wollte und Sie bereits nach den ersten Worten wussten, was gemeint war? Dass Sie in einem Moment begriffen haben, was der Gesprächspartner dann noch etliche Minuten lang ausführlich darlegte? Bei diesem blitzartigen unvermittelten Verstehen war Ihre Intelligenz am Werk. Im Anschluss an die kleine »Erleuchtung« befasste sich das Denken mit dem Thema, sortierte es linear und verarbeitete es gemäß seinem Bewegungsmuster. Das Denken hätte wesentlich mehr Zeit benötigt, um das Gehörte zu begreifen.

Obgleich Sie hin und wieder derartige Geistesblitze registrieren, machen Sie sich darüber weiter keine Gedanken; Sie nehmen das Phänomen als gegeben hin. Sie realisieren nicht, dass Sie mit dieser Fähigkeit des intuitiven Verstehens alle Ihre Probleme lösen könnten – vorausgesetzt, Sie verließen sich (berufliches, fachbezogenes Wissen ausgenommen) in Zukunft voll und ganz auf diese Gabe Ihres Unbewussten. In Ihnen ruht das Wissen von Millionen Jahren Menschheitsgeschichte; damit verbunden ist die Fähigkeit des umfassenden Erkennens komplexer Sachverhalte. So, wie Sie ein Gemälde mit einem Blick überschauen und Ihnen seine Schönheit, das dargestellte Motiv, der Aufbau und die leuchtenden Farben sofort und gleichzeitig bewusst werden, wären Sie auch imstande, alle übrigen Erscheinungen Ihres Lebens sofort und umfassend zu verstehen. Es würde nur Ihre Aufmerksamkeit erfordern, ein größeres Interesse an allen Vorgängen rings um Sie her, ein Interesse, das nicht den größten Teil des Alltagsgeschehens übersieht, weil von ihm eine zu geringe Reizwirkung ausgeht.

Machen Sie sich bewusst: Ihre Wahrnehmung ist infolge Ihrer diversen Fluchtreflexe, Ihrer »Spezialisierung« auf begrenzte Lebensbereiche außerordentlich reduziert. Wir wollten vor Jahren einmal unser Haus verkaufen und hatten im Verkaufsinserat unter anderem unseren Garten mit alten Rosen erwähnt. Nun kamen Leute aus der Stadt, um das Anwesen zu besichtigen. Sie stapften durchs Gelände, wollten wissen, wie groß es sei, was alles dazugehöre – und am Ende fragten acht von zehn Besuchern, wo, bitte, dieser angepriesene Rosengarten sei, ihn würden sie gern auch noch besichtigen. Dabei waren sie mitten hindurchgetrampelt, ohne der Blütenpracht einen einzigen Blick zu schenken. So marschieren vielleicht auch Sie an den Schönheiten vorbei, die sich am Wegesrand Ihres Lebens befinden, und sehen nur das Offensichtliche, das von Ihnen Erwartete. Selektive Wahrnehmung ist eines der Merkmale eines geprägten, voreingenommenen Geistes. Diese Art stereotypen Schauens verkrüppelt das Gehirn, lässt die Zellen verkümmern und richtet beinahe so viel Schaden an wie regelmäßige alkoholische Exzesse.

Solange Sie sich in Ihren Wahrnehmungsaktivitäten spezialisieren, solange Sie die geschauten Dinge mit dem Verstand analysieren, rational schlussfolgern und vergleichen, arbeitet Ihr Gehirn mit reduzierter Kraft. Forscher errechneten aus der Messung von Hirnströmen, dass der Mensch normalerweise weniger als ein Zwanzigstel der verfügbaren Kapazität einsetzt. Das mag stimmen oder nicht; tatsächlich aber, und das können Sie an sich selbst beobachten, hat der Mensch nie seinen gesamten Lebenszusammenhang im Blick. Er lebt mit der Vergangenheit, wie ein Autofahrer, der ständig in den Rückspiegel schaut. Sie sollten einsehen, dass das Vergangene endgültig vorbei ist. Wohl existieren noch Spuren, aber sie bedeuten ebenso wenig wie die Spuren eines Vogels im Sand oder das Kielwasser eines Bootes auf dem Wasser: Sie sind dazu verurteilt zu verblassen, und bald werden sie verschwunden sein.

Sie können sich vornehmen, von nun an recht aufmerksam auf Ihr Leben zu schauen, und vielleicht probieren Sie es bei Ihrem nächsten Spaziergang einmal aus. Entschlossen, sich diesmal durch nichts ablenken zu lassen, mit dem festen Willen, auch Ihren Gedanken keine Macht über die übrigen Sinne einzuräumen, machen Sie sich auf den Weg. Sie wollen die Schönheiten der Natur in vollen Zügen genießen, sich ihren Geräuschen öffnen, ihren Gerüchen, all den Äußerungen ihres pulsierenden Lebens. Und was passiert? Ich kann es Ihnen vorhersagen: Eine Zeit lang funktioniert Ihr Vorhaben, Sie sehen alles, hören alles, Sie spüren den Duft des Sommers – und Ihre Gedanken tummeln sich wie eine Horde spielender Welpen. Doch plötzlich stellen Sie fest, dass Sie bereits wieder abgelenkt waren, Sie erkennen, wie Ihre Gedanken sich formiert haben und die Vergangenheit Sie einzuholen beginnt. Bestimmte Themen, Probleme oder angenehme Erinnerungen, Träume oder Ängste tauchen auf und nebeln Ihren Geist ein. Die unmittelbare Wahrnehmung Ihrer Sinne tritt in den Hintergrund. Wohl rufen Sie sich zur Ordnung, mehrmals, aber schließlich geben Sie auf und lassen sich wie gewohnt von Ihren Gedanken tyrannisieren. Wieder zu Hause, stellen Sie verärgert fest, dass der Spaziergang eigentlich ohne Sie stattgefunden hat. Sie haben einen Versuch unternommen, der aufgrund Ihrer derzeitigen geistigen Struktur zum Scheitern verurteilt war.

Wie lässt sich dieser Zustand grundlegend ändern? Lassen Sie mich zunächst erklären, warum es auf die geschilderte Art und Weise nicht möglich ist. Von dem Augenblick an, in dem Sie beschließen, aufmerksam zu sein, und sich bewusst darum bemühen, sich unter keinen Umständen ablenken zu lassen, gehen Sie mit einem bestimmten Ziel an Ihr Vorhaben heran, sind nicht mehr frei und offen für das Erleben. Und damit folgen Sie wieder dem altbewährten Muster. Es ist Ihr Denken, das Aufmerksamkeit anordnet, mit dem Resultat, dass Sie entweder ständig damit beschäftigt sind, aufmerksam zu sein und infolgedessen wenig von der Außenwelt wahrnehmen, oder dass Ihr Denken von einem bestimmten Zeitpunkt an wieder vollständig in seinen alten Trott verfällt. Sie haben also bei Ihrem Versuch, jede Ablenkung vom ganzheitlichen Erleben zu verhindern, genau die Kraft eingesetzt, die Ablenkung erst erzeugt.

Zuerst sollten Sie also einsehen, dass mit Ihrem Wollen und Wünschen nichts auszurichten ist. Geben Sie daher jedes Bemühen um Aufmerksamkeit auf. Versuchen

Sie vielmehr, diesen wahrlich frustrierenden Tatbestand voll und ganz zu begreifen. *Diese* Einsicht wird Ihnen helfen, weil sie nicht mithilfe des Intellekts zustande kommt, der seit Jahrzehnten die gleichen Bewegungen vollführt. Wenn aber die Intelligenz den wahren Sachverhalt durchschaut, ist der erste, grundlegende Schritt hin zu einer Änderung getan. Sie beginnen zu begreifen, dass Sie die Qualität Ihrer Wahrnehmung nicht beeinflussen können.

Diese Erkenntnis muss einen Schock auslösen, denn was Sie sich tagein, tagaus von Ihrem Denken bieten lassen, ist brutalster Terror. Führen Sie sich das deutlich und krass vor Augen. Machen Sie sich klar, dass einzig die nicht abgelenkte, nicht selektierende Wahrnehmung der Dinge imstande ist, sie zu ändern. Keine andere Macht hilft Ihnen aus Ihren Schwierigkeiten als die Kraft des unmittelbaren Blicks auf die Realität. Und doch verhindert Ihr Verstand durch die eigenen, so nutzlosen Aktivitäten, dass geschieht, was so dringend geschehen müsste. Sie könnten annehmen, dass ich Ihnen nun alle Hoffnung nehmen will. Aber dem ist nicht so. Es ist unbedingt notwendig, dass Sie Ihre eigene Hilflosigkeit erfahren. Solange Sie sich dem nicht stellen, wird sich nichts ändern.

Die Brutalität der Erkenntnis, dass Sie Ihren eigenen inneren Zwängen ausgeliefert sind, muss diesen Leidensdruck erzeugen, der am Ende schlagartig den Durchbruch der Intelligenz bewirkt. Es genügt die schockartige Erkenntnis, dass Ihr Geist zur unmittelbaren Wahrnehmung der Lebensvorgänge unfähig ist. Unter dem Trauma dieser Erkenntnis begreift Ihr Geist, dass er sich ändern muss, und er kommt zur Ruhe. Und diese Ruhe ist bereits die Wandlung, sie kommt leise heran, tritt hervor aus der Leere, der Tiefe Ihres Inneren. Der Schlüssel zum Erfolg liegt hier nicht im Wollen, Denken, Analysieren, Planen; er liegt im *Erkennen.* Wenn Sie still sind, kann ein Problem sich selbst zu Wort melden und sich Ihnen offenbaren. Ihre Erkenntnis der eigenen Ohnmacht bedeutet die Lösung; sie stellt sich spontan ein, sobald Sie aufhören zu interpretieren. Die gelegentlichen Erlebnisse raschen Verstehens sollten Ihnen gezeigt haben, welche Möglichkeiten in Ihnen schlummern.

Hilfe kann auch noch aus einer anderen Erkenntnis erwachsen: Wer sich ausführlich mit seinen Erfolgen und Niederlagen beschäftigt und die Ursachen beider Phänomene ehrlich hinterfragt, muss zwangsläufig zu der Einsicht gelangen, dass er persönlich wenig dazu beitragen konnte. Sie verdrängen diese Einsicht gern; und unterstellen Sie bei allem Chaos die lenkende Hand einer höheren Macht, dann scheint diese Macht ihre Fügungen nach den Gesetzen eines Zufallsgenerators zu schicken. Auf die Idee, dass alles, was sich ereignet, einzig und allein aus Ihnen und Ihren Wahrnehmungen hervorgehen könnte, kommen Sie nie. Es scheint absolut inakzeptabel, sich selbst für die Begebenheiten seines Lebens verantwortlich zu machen. Auch würde diese Annahme all Ihrem Wissen, all Ihren Erfahrungen widersprechen. Noch nie haben Sie es erlebt, dass Sie selbst ein Ereignis ausgelöst hätten, das seinen Ursprung doch weitab von Ihrem Einflussbereich hatte. Vielleicht wissen Sie bis heute nicht, warum Ihnen Ihre Frau einst ihr Jawort gab oder wie es Ihnen gelang, dass Sie trotz schlechter Vorbereitung Ihr Examen bestanden oder dass Ihnen ein todsicheres Geschäft dennoch entging.

Sie können, um es noch einmal zu betonen, nichts dazu beitragen, aufmerksamer zu werden – aber Sie brauchen es auch nicht. Die Dinge ereignen sich von allein. Ihr Part ist lediglich, Ihre eigene Unfähigkeit einzusehen. Sie müssen keinem anderen Menschen gegenüber Ihre Fehler zugeben – aber geben Sie sie sich selbst gegenüber endlich zu. Und verkneifen Sie sich den allzeit präsenten Wunsch, ein Idealbild von sich zu basteln, es gelingt Ihnen sowieso nicht. Sie errichten nur die Illusion eines Menschen, den es nicht gibt. Und dieser Nichtvorhandene pflegt Umgang mit anderen, ebenfalls nichtvorhandenen. Es begegnen sich Illusionen auf zwei Beinen, die in einer Welt der Fantasie leben.

Sie können Ihrem endlos abschweifenden Geist mit einem sehr starken Argument begegnen: Ihre Sinne können keine Sekunde lang den tatsächlichen Vorgängen ausweichen. Ihr gesamter Organismus, das denkende Hirn eingeschlossen, bewegt sich jeden Augenblick in der Realität. Der Versuch, sich schrittweise von der Realität zu entfernen, ist durchschaubar, sobald Sie erst wissen, worauf zu achten ist. Achten Sie darauf, und Sie beginnen zu spüren, wie hautnah Ihnen die Wirklichkeit ist. Lassen Sie sich ohne Anstrengung hineintreiben in die Mitte des Lebensstromes. Indem Sie begreifen, dass Sie sich keinen Augenblick lang von den Ereignissen absetzen können, die mit Ihnen so verbunden sind wie Ihre Fußzehen, gelingt Ihnen nun ohne Mühe, was alle Willenskraft nicht schaffte. Sie erkennen, wie einfach sich leben und betrachten lässt, wenn der Wunsch nach Flucht vor der Wirklichkeit verschwunden ist.

Wiederholen Sie nun Ihren missratenen Spaziergang im Stadtpark, Sie werden eine unerwartete, beglückende Erfahrung machen. Alle Ihre Sinne walten unbeaufsichtigt ihrer Aufgabe, sie saugen die Eindrücke in sich auf, unwillkürlich, unbewusst, und Sie genießen es. Ihr Denken fügt sich in die Harmonie ein, fließt gleichfalls halbbewusst vor sich hin, wird leiser, Ihrem Herzschlag ähnlich, und stört nicht mehr. Sie schlendern Ihres Weges ohne besonderes Verlangen; Ihr Geist begehrt nichts, er ist zufrieden mit dem, was ihm Sinne und Denken mitteilen. Sie lauschen dem Gesang der Vögel, dem Wispern des Windes in den Blättern, spüren das Knirschen der kleinen Kieselsteine unter Ihren Tritten, die laue Luft auf Ihrer Haut, und Sie riechen den Geruch von Erde und frischem Grün. Wieder daheim, ist es Ihnen, als ob Ihr Gehirn eine wohltuende Dusche empfangen hätte, eine reinigende Wäsche – Sie haben endlich einmal wirklich gelebt. Das können Sie sich erhalten – vorausgesetzt, Sie versuchen nicht, diesen Zustand bewusst zu wiederholen. Sehen Sie ein, dass Sie nichts, was vergangen ist, wiederholen können – es ist für immer vorbei. In dem Moment, in dem Sie, den eingefahrenen Reflexen folgend, die beglückende Erfahrung festzuhalten suchen, sie wieder herbeizaubern möchten, scheitern Sie. Ihre

Bestrebungen, erlebte Schönheit zu konservieren, sie sich erinnernd einzuverleiben und mit jedem neuen Erlebnis zu vergleichen – das alles zerstört die Schönheit und Sie mit.

Jede Erfahrung im Leben ist einmalig. Lassen Sie sich nicht täuschen, wenn Sie beim nächsten Spaziergang die gleichen Bäume im Park sehen, das Muster ist vertraut, aber die Dinge selbst entstehen in jedem Augenblick neu, Sie selbst eingeschlossen. Verzichten Sie bewusst darauf, eine Erfahrung zu erneuern, Sie fordern etwas Unmögliches. Lassen Sie sich stattdessen vom Neuen überraschen, und begegnen Sie ihm mit wachen Sinnen, Ihre Aufmerksamkeit ist stets lebendig, weil Sie ohne Verlangen sind.

27. Kapitel

Leben ohne Motive

Meine Ausführungen neigen sich dem Ende zu. Das Buch wird Ihnen stellenweise erschienen sein wie eine Sammlung von Ratschlägen zur Selbstentfernung des Blinddarms; Sie mögen mancher Empfehlung gefolgt sein, manche nicht so recht verstanden und andere überlesen haben, weil sie Sie nicht interessierten oder betrafen. Ich will das Wichtigste noch einmal zusammenfassen, die Kernthesen wiederholen – und ich möchte den zeitweise verlorengegangenen Bezug zum Tao wieder knüpfen.

Wer ein Buch wie das vorliegende kauft, tut das in der Hoffnung, dass es ihm Rat und Lebenshilfe vermittelt. Das menschliche Dasein ist von Kummer und Sorgen erfüllt, überall auf der Welt leiden die Menschen. Unser Gehirn, das das Gehirn der Menschheit ist und nicht das meine oder das Ihre, ist von zahllosen Existenztheorien, Religionen, Philosophien und Lehren erfüllt. Niemand wirft, wenn er Probleme hat, entschlossen alles Erlernte über Bord und sucht einzig in sich selbst nach der Wahrheit. Von Kind an zum Untertanen erzogen, zu einem im Großen und Ganzen fremdbestimmten Wesen gemacht, ist der Mensch außerstande, zu sich selbst zu finden. Unser Leben ist von Illusionen und Ideen bestimmt, das Denken, der Intellekt, spielt die wichtigste Rolle bei unserem Versuch, das Dasein zu bewältigen; wir alle leben nach den Meinungen und Erwartungen anderer.

Ich habe auf den vorausgegangenen Seiten versucht, Sie bei der Hand zu nehmen und zu sich selbst zurückzuführen, den ganzen weiten Weg zurück, den andere Sie von sich hinweggelockt haben. Sie dürfen sich auf keinen Menschen verlassen, egal, was er Ihnen predigt oder verspricht. Auch wenn Sie mir nun einfach glauben, haben Sie nichts begriffen. Ich will Sie herausfordern, zu experimentieren und endlich neue Wege zu gehen, unbekanntes Land zu betreten. Ich möchte, dass Sie aufhören, ein Nachfolger, ein Untertan zu sein. Finden Sie Ihre eigene Intelligenz, die nichts mit Denken zu tun hat. Sie kennen lange schon Ihre Grenzen und wissen um Ihre grundsätzliche Bedeutungslosigkeit, spüren oft genug die Leere in sich und erahnen die Sinnlosigkeit Ihres Tuns. Sie können sich das alles jedoch nicht eingestehen, weil Sie sonst fürchten müssten, vor dem Nichts zu stehen, vor dem Abgrund; Ihre Angst, dann jede Grundlage, alle Substanz zu verlieren, verhindert, dass Sie die Wahrheit erkennen: die Wahrheit über Sie selbst und Ihre wahrlich grenzenlosen Möglichkeiten.

Man predigt Ihnen von Gott und von Gottes Willen und erwartet, dass Sie glauben und gehorchen – um eines vagen, unbewiesenen ewigen Lebens willen. Zweifeln Sie, seien Sie ungläubig, die Wahrheit bleibt bestehen, ob sie niemand glaubt oder Millionen. Begegnen Sie dem Unendlichen in Ihnen selbst, rational, vernünftig, skeptisch, unsentimental. Alles ist vorhanden, Sie müssen nur zugreifen. Freilich setzt das voraus, dass Sie alles Wissen über Ihre psychische Struktur, alles, was man Ihnen über sich selbst eingeredet hat, über Bord werfen, rigoros, ohne Kompromisse. Ihre Sorge, Sie würden, weil Ihnen dann alle Parameter fehlen, abdriften in den Wahnsinn, ist unbegründet. Der Wahnsinn wütet jetzt, Ihre innere Zerrissenheit könnte nicht schlimmer sein, als sie schon ist. Werfen Sie die geistigen Krücken fort, lernen Sie endlich, selbstständig Ihren Weg zu gehen. Dazu müssen Sie Verantwortung übernehmen. Noch wird Ihnen allenthalben Verantwortung abgenommen: Für Ihre Gesundheit bürgen Ärzte, Kliniken und die Krankenkasse, für Ihre Ernährung der Arbeitgeber oder Ihr Unternehmen, und für Ihre Seele sorgen die Priester oder Gurus. Auf der ganzen Linie werden Sie umsorgt und gehätschelt, und der Gedanke an den Verlust dieser Sicherheiten ist Ihnen unvorstellbar, so unvorstellbar wie der Gedanke, tot zu sein.

Und dennoch sollten Sie sich innerlich frei machen von aller Abhängigkeit. Sie müssen deshalb weder aus der Krankenkasse noch aus der Gewerkschaft oder Kirche austreten – Sie sollten sich aber künftig allein auf sich selbst, auf Ihre Intuition verlassen. Üben Sie sich in den (hoffentlich) neuen beziehungsweise wiederentdeckten

Fähigkeiten, benutzen Sie die Instrumente der wirklichen Intelligenz. Es ist zugleich die Intelligenz des Urgrundes, des Tao, aus dem alle Erscheinungen Ihres Daseins ununterbrochen hervorströmen.

Sie sind unbewusst, unterschwellig permanent damit beschäftigt, Ihre Existenzängste zu verdrängen, sind auf der Flucht vor äußerst unbequemen Wahrheiten. Stellen Sie sich ihnen! Sagen Sie sich, was Sie beständig so intensiv, so deutlich fühlen, kann keine Täuschung sein. Wohl widerspricht Ihr Empfinden der üblichen Auffassung über die innere Struktur des Menschen. Statt der willkürlichen, vom Verstand gesetzten Differenzierung in Leib, Seele (ihr wird besondere Bedeutung zugemessen) und Geist zu folgen, operieren Sie mit anderen Begriffen.

Ich denke nicht daran, Ihnen darzulegen, wie die Dinge beschaffen sind, weil Sie mir doch nicht glauben würden. Sie müssen den letzten Rest einfach selbst herausfinden. Seien Sie überzeugt, in Ihnen lebt – ich wiederhole mich – das Wissen der Menschheit, das gesammelte Wissen, die Erfahrung der Evolution. HERMANN HESSE drückte es so aus: »Wenn die Menschheit ausstürbe bis auf ein einziges, halbwegs begabtes Kind, das keinerlei Unterricht genossen hat, so würde dieses Kind den ganzen Gang der Dinge wiederfinden, es würde Götter, Dämonen, Paradiese, Gebote und Verbote, Alte und Neue Testamente, alles würde es wieder produzieren können.«

Sehen Sie, Sie können nicht dieses isolierte, verängstigte Häuflein Elend sein, das vor der eigenen, so deutlich spürbaren inneren Leere andauernd davonläuft, und zugleich das Leben der ganzen Menschheit, der ganzen, von Ihnen wahrgenommenen Natur leben. Sie müssten dazu heraustreten aus Ihrem Elfenbeinturm, Sie müssten Ihre innere Isolierung, Ihre abgrundtiefe Einsamkeit aufgeben und sich uneingeschränkt dem Leben mit allen Konsequenzen öffnen. Dann könnte sich dieses körperlich spürbare Gefühl Ihres Einsseins mit dem Umfeld spontan einstellen, und Ihre innere Leere würde Ihnen zum Freiraum großer schöpferischer Erfahrung.

Die taoistischen Maler und Dichter des alten China arbeiteten und wirkten aus dieser Leere heraus. Fälschlicherweise interpretieren heute Ostasienkenner diese Leere als vom Künstler erzeugt, hervorgebracht durch Kontemplation, Meditation und allerlei Disziplinen; diese Fachleute kennen in Wahrheit die Lehren LAOTSES nicht. Die innere Leere ist da, ist von Anbeginn an vorhanden, sie braucht nicht mit irgendwelchen Mitteln hergestellt zu werden, sie kann auch nicht vertrieben werden. Die Weisen Chinas schufen ihre zauberhaften Werke aus dem unmittelbaren Wirken des Urgrundes, und man sieht es ihren Arbeiten an. Der Zen-Meister BANKEI sagte: »Wenn ihr im Ungeborenen ruht, dann ruht ihr in der Quelle selbst.« Das heißt, dass Sie dort, wo Sie vor Ihrer Geburt waren, auch zu Lebzeiten verweilen können. Die Weisheit besteht darin, immer wieder alle Erfahrungen aufzugeben – was nicht heißt, Sie sollten keine Erfahrungen haben; es besagt vielmehr, dass Sie keine Erfahrungen *sammeln* sollen, und das ist etwas völlig anderes.

Indem Sie akzeptieren, was Sie lange schon fühlen, nämlich, dass Sie – abgesehen von dem Lärm Ihrer Gedanken – innerlich leer und hohl sind, nähern Sie sich erstmals unmittelbar der Wurzel Ihrer Existenz, eröffnen Sie sich selbst zum ersten Mal die Chance, Ihrem eigenen Ursprung real zu begegnen, ihn zu fühlen, zu berühren. Im täglichen Leben erkennen Sie sich in allen Dingen, die Ihnen begegnen, in allen Gefühlen – und ebenso in allen Gedanken, denen nun, im Licht Ihrer neuen Erkenntnis, ihre richtige Rolle zukommt. Dann besteht für Sie schließlich kein Unterschied mehr zwischen Innen und Außen – und in dieser Geistesverfassung erfüllen Sie Ihren wirklichen Daseinszweck: Ihr Organismus wird dem Tao zum Instrument, um sich selbst zu erleben.

Dieses Buch will Sie auf die Spur zu sich selbst bringen. Es kann Sie nicht belehren, bestenfalls aufrütteln, Ihnen die Angst vor dem Unerklärlichen nehmen, das Sie zuweilen fühlen. Das ganze Geheimnis einer sorgenfreien Existenz, ohne Anstrengung und ohne Kampf, liegt darin, dass sie motivlos gelebt wird. Durchschauen Sie die Leistungsparolen der Gesellschaft als unsinniges Geschwätz; die Spitzenposition in der Lebensqualität erreichen Sie ohne Mühe, indem Sie geschehen lassen. Im Sinne des eingangs zitierten Gedichtes bedeutet das keineswegs Ihre Kapitulation vor dem Unvermeidlichen; was Ihnen geschieht, erwächst aus Ihrer eigenen Beobachtung der Lebensvorgänge heraus. Ihr aufmerksamer Blick, das daraus resultierende Verstehen der Dinge gestaltet sie wechselwirkend mit. Ihr Einflussbereich ist weitaus größer, als Sie bisher glaubten.

Es werden Fragen in Ihnen auftauchen, was zu tun ist, Zweifel Sie heimsuchen, wenn Sie vor Entscheidungen stehen und gern ausprobieren möchten, ob es auch anders geht als gewohnt. Sie werden sich sehr unsicher fühlen, wenn Sie sich in Zukunft dem Unbekannten stellen, doch denken Sie daran – Sie haben zuvor ebenfalls mit diesem Unbekannten leben müssen, nur waren Sie es gewohnt, Erfahrungen der Vergangenheit auf die Zukunft zu projizieren. Sie haben sich ein Leben lang im Kreis bewegt: Lernen, Erfahren, Handeln lautete die Rangfolge Ihrer Aktionen. Stets hat Ihr Gehirn sich die Konsequenzen der soeben gemachten Erfahrungen gemerkt und sie dann bei neuen Herausforderungen eingesetzt. Seit Jahrtausenden agiert der Mensch einzig über seinen Verstand.

Wenn Sie fürchten, mit dem Verstand auf Ihr wichtigstes Instrument der Daseinsbewältigung zu verzichten, sehen Sie, was er bis zur Stunde angerichtet hat: Chaos und Krieg; für die Beschaffenheit unseres Planeten ist das Denken verantwortlich. Bringen Sie deshalb den Mut auf, künftig dem Leben, dem Unbekannten leer und ohne die alte Erfahrung zu begegnen. Ob im Beruf oder im Privatleben, seien Sie immer darauf bedacht, die Dinge sorgfältig zu betrachten, ohne zu bewerten – dann warten Sie auf den Impuls aus Ihrer Tiefe. Falls er ausbleibt, ist das kein Versagen: Es ist das Signal, nichts zu tun! Solange Sie Ihrer Erfahrung vertrauen, handeln

Sie aus bestimmten Motiven heraus, weil die Erfahrung Ihnen einredet, Sie müssten etwas erreichen, das Leben geriete Ihnen außer Kontrolle, wenn Sie nicht strebten, kämpften und Ziele vor Augen hätten. Dies ist ein Trugschluss: Sie, das imaginäre, vom Geschehen isolierte Wesen, besitzen keine Kontrollmöglichkeit über den Lauf der Dinge; diese Kontrolle kann allein die Intelligenz ausüben, aus der alle Ereignisse und Erfahrungen hervorgehen. Sie haben die Wahl, die Entscheidung steht Ihnen frei, ob Sie mithilfe Ihres Intellekts weiterwursteln möchten wie bisher – oder ob Sie angesichts Ihrer Misserfolge von nun an durch intellektuelle Enthaltsamkeit der Weisheit Ihres Organismus vertrauen wollen. Nichts, was ich in diesem Buch beschrieben habe, müssen Sie glauben; zweifeln Sie getrost, aber erproben Sie es.

Wenn Sie dann am Morgen erwachen, warten nicht mehr die Sorgen darauf, Sie durch den Tag zu begleiten. Sie öffnen die Augen im Gefühl, eins zu sein mit diesem neuen Tag, er ist Ihnen Freund, nicht Feind. Und was sich gestern ereignete, ist vorbei und vergangen, ohne alle Bedeutung. Was Sie vor Monaten verpatzt, fehlentschieden, grob fahrlässig verdorben haben, ist mit der Zeit vergangen. Wohl mag sich manche Freveltat später noch rächen wollen, aber Sie begegnen ihr in einem neuen Geist und ohne Furcht. Die Erfahrung, das Wissen, das einst versagte und Sie Fehler machen ließ, hat keine Macht mehr über Sie; Sie lassen die Ereignisse auf sich einwirken, ohne an Flucht zu denken, und aus dem Unbewussten heraus setzt Ihre Intelligenz zum Handeln an.

Sie selbst brauchen nichts weiter zu tun, als die Hand vom Steuer des Lebens zu nehmen. Vertrauen Sie der gewaltigen Energie in sich, aus der alles Geschehen, das Sie wahrnehmen, hervorgeht.

Und wenn Sie zum Abschluss die Frage stellen, was das alles soll, wo Sie doch eines Tages sterben müssen, und weiter wissen wollen, was dann noch alles mit Ihnen geschieht – vor allem, wenn Sie zu Lebzeiten an nichts glauben sollen –, dann gestatten Sie, dass ich antworte, so gut ich es vermag:

Sie können vom Tao, das Sie selbst sind, nicht abweichen. Und Sie können keine Sekunde lang vom Erlebnis Ihrer Existenz abweichen. Ihr Organismus besitzt keine individuelle, abgeschlossene Identität, er setzt sich über die Hautoberfläche hinaus endlos fort. Dieser weltumfassende Organismus stirbt in regelmäßigen Intervallen ab und erneuert sich, wie ein Baum Laub abwirft und im Frühling neue Knospen ansetzt. Ihr Empfinden des Menschseins ist das ursprüngliche Gefühl des Urgrundes aller Existenz. Es schafft sich wechselnde Organe, damit es sich selbst über die unendliche Leere hinaus spüren kann. Das alles sind Sie.

Zerfällt Ihr Organismus, ist das kein Grund zu Trauer oder Panik. Ihnen bleibt überhaupt keine andere Wahl, als irgendwo im Kosmos als neue, jungfräuliche Identität die Erfahrung des Seins fortzusetzen. Fragen Sie nicht, als was Sie sich wiederfinden, ich weiß es nicht. Als neugeborener Stern? Als sensibles, intelligentes Wesen irgendwo im Weltall, in einem fernen Planetensystem?

Als mächtiger Strom? Oder vielleicht wieder als Mensch? Ich meine, es ist heute noch gar nicht auszumachen, wie der Wahrnehmungsapparat unserer neuen Identität beschaffen sein wird. Lassen wir uns doch einfach überraschen.

Und ein Rohrsperling lachte
und sprach: Was kann dieses Geschöpf
nur wollen? Ich steige ein paar Ellen
auf, streiche kurz über das Rohr
und senke mich wieder hinab.
Mehr kann doch niemand fliegen wollen?

Tschuang Tzu

Über den Autor

Theo Fischer, 1931 im badischen Karlsbad geboren, hat fünfundzwanzig Jahre als selbstständiger Management-Berater gearbeitet. 1985 gab er seinen Beruf auf, siedelte nach Frankreich um und begann Bücher über asiatische Philosophie und über Lebenskunst zu schreiben. Im Verlag »Die Silberschnur« erschien 1989 sein erster Titel »Wu wei, die Lebenskunst des Tao«. Er ist über hunderttausendmal verkauft worden und inzwischen auch in Italien erschienen. Weitere erfolgreiche Bücher folgten. Der Autor lebte seit 1997 in Piemont, Norditalien, wo er im Dezember 2013 verstarb.

116 Seiten, broschiert
ISBN 978-3-923781-34-8
€ [D] 9,90

Theo Fischer

Wu Wei – Lebenskunst des Tao

Die Antwort auf alle Probleme unseres Daseins ist unfassbar einfach

Wer je im Leben eine tief greifende Existenzkrise durchlebt hat, erinnert sich vielleicht, dass die Wende zum Besseren genau in der Phase eintrat, als er sich, vollkommen erschöpft, aufgegeben hatte.
Nicht mehr kämpfen, im Strom der eigenen unendlichen Kraft leben – das meint WU WEI, wörtlich: nicht handeln, nicht eingreifen, sondern uns jener kosmischen Energie anvertrauen, die Laotse einst das TAO genannt hat. Das ist die Weisheit, die dieses Buch lehrt: Von der Kunst des Nichthandelns über die Phänomene Aufmerksamkeit, Innerer Dialog und Loslassen bis zur Spiritualität im Tao. Mit Übungen für den Alltag.

176 Seiten, broschiert
ISBN 978-3-89845-046-1
€ [D] 12,90

Theo Fischer

Tendenzen des Wachstums

Der moderne Mensch irrt sich, wenn er seine Probleme – in seinen Beziehungen, im Beruf, mit dem Geld, der Gesundheit, usw. – für die Ursachen seines glücksarmen Lebens hält. Seine Probleme sind vielmehr bereits Wirkungen: die Folgen einer notorisch falschen Lebensweise. Der Autor schlägt nun vor, versuchsweise das Leben und seine Probleme aus einer veränderten Position heraus zu betrachten und die Tendenzen zum Wachstum und Wohlstand, die in unserem Gehirn bereits angelegt sind, zu aktivieren. Daraus ergibt sich eine neue, qualifizierte Art des Entscheidens und Handelns – mit der ein glückreiches Leben möglich ist.

572 Seiten, broschiert
ISBN 978-3-89845-494-0
€ [D] 19,95

Vadim Zeland

Ausstieg aus dem technogenen System

Vadim Zeland macht klar, dass technischer Fortschritt nicht dem Menschen sondern nur dem System selbst dienlich ist und zeigt Ihnen, wie Sie sich aus dem System ausklinken können. Er bietet Ihnen dadurch die Chance, Ihre individuelle Lebensqualität zu steigern. Entdecken Sie, wie Sie sich von den Abhängigkeiten und Konventionen des Systems loslösen können. Ihr Bewusstsein wird wieder frei, die Kraft Ihrer Intelligenz und Ihrer Kreativität wird steigen und es wird Ihnen nicht mehr schwerfallen, Ihre Ziele zu erreichen.

120 Seiten, 2-fbg., broschiert
ISBN 978-3-89845-452-0
€ [D] 12,95

Silke Gramer-Rottler

Was uns alle trägt

Die Kraft des Urvertrauens in einer reizüberfluteten Welt

Der Weg zur Leichtigkeit des Seins!
Wir leben in einer schnelllebigen Welt, in der Hektik, Ignoranz und Ängste unseren Alltag bestimmen.
Silke Gramer-Rottler zeigt uns, wie wir zurückfinden können zur berühmten Leichtigkeit des Seins. Sie erklärt uns, wie wir in unserem Leben wieder Raum schaffen können für die wesentlichen Dinge und wie dadurch die ganzen Unsicherheiten des Alltags verschwinden.
Dieses inspirierende Buch fordert uns alle auf, innezuhalten in unserer schnelllebigen, reizüberfluteten Welt und uns auf den Weg zu machen, unseren Ängsten zu begegnen, um zu erfahren, dass das Leben uns trägt.

144 Seiten, broschiert
ISBN 978-3-930243-68-6
€ [D] 14,95

Douglas Harding

Die Entdeckung der Kopflosigkeit

Einfach sehen wer ich wirklich bin

Douglas Harding lehrt uns, zu sehen wie die Mystiker, Erlerntes beiseite zu schieben und auf intelligent-naive Weise das wahrzunehmen, was von unserem Standpunkt aus wirklich da ist. Er nutzt die Beobachtungsmethode der Wissenschaft, um zur eigenen zentralen Identität zu finden. Gleichzeitig überprüft er die Behauptung der großen Mystiker der Welt, dass unsere wahre Identität Gott ist, Buddha-Natur, das eine Selbst in allen Wesen.

272 Seiten, gebunden
ISBN 978-3-930243-49-5
€ [D] 17,80

Werner Ablass

Abschied vom Ich

und wie leicht es sich ichlos lebt

Nicht nur die Weisen aller Zeitalter wussten, dass das Ich nichts weiter als Einbildung ist. Auch die Ergebnisse der modernen Hirnforschung sagen nichts anderes. Werner Ablass beschreibt in einer unnachahmlichen unkomplizierten Art seinen Abschied vom eingebildeten Ich. Er fand heraus, dass es zwar Gedanken, Entscheidungen und Taten gibt, jedoch keinen individuellen Denker, Entscheider und Täter.

248 Seiten, broschiert
ISBN 978-3-89845-471-1
€ [D] 16,95

Joachim Vieregge

Einfach gute Gedanken

Heilung unseres feinstofflichen Körpers

Die Ursache vieler Probleme liegt auf der Ebene unserer Gedanken, auf der sich negative Gedankenformen eingenistet haben. Joachim Vieregge erklärt, was negative Gedankenformen sind und zeigt uns, wie wir diese auf einfache Weise transformieren und wandeln können, so dass die Last von leidvollen Gedanken aufgehoben wird, an die wir viel zu lange geglaubt haben. Dann können wir das erleben, was unsere tiefste Sehnsucht ist: Das Leben befreit genießen.

192 Seiten, broschiert
ISBN 978-3-89845-393-6
€ [D] 14,95

Gabriele~Saskia Drungowski

Das Beste für dich

Der Weg vom Unbewussten zum Bewussten

Öffnen Sie Tür zu Ihren innersten Räumen, in denen Sie Erstaunliches über sich selbst, und Ihre Beziehungen erfahren. Dieses Wissen hilft Ihnen, sich selbst wahrhaft zu erkennen und Ihr eigenes Leben in die Hand zu nehmen, ja sogar die Welt zu verändern. Die praktischen Anleitungen, Übungen und Meditationen in diesem Buch unterstützten Sie, zu begreifen, wer Sie eigentlich sind. Dank dieses Wissens stehen Sie am Anfang einer ungeahnt tiefen Bewusstheit, die alles umfasst, was Sie für Ihr Leben und Ihren eigenen Weg benötigen.